企业

图1 我的第1间办公室。2002年在第一个项目柳州市中医医院

图2 公司创始干部团队。2003年在第一个项目柳州市中医医院门前合影

图3 2004年的管理干部合影。在新搬迁的新大地办公室

图4 2003年在第一个项目柳州市中医医院与员工合影

图5 2004年在新大地办公室与彭妈妈的首次合影

图6 2010年与冯海江、创始人黄水莲合影于第7届管理封闭培训

图7 2020年在桂林举办管理拓展及"抗疫英雄表彰会",全体干部合影

图8 2019年公司管理拓展,"讲述蓝丝带的故事"现场

图9 2021年我代表"六零六零抗癌公益基金会"在上海

图10 2022年4月19日,新生活20周年生日庆及"爱护宁"学校开办揭牌

图11 2022年新生活20周年庆典暨爱护宁品牌发布会

图12 《婉容新生活》系列书籍在公司20周年庆典上发布

图13 我在公司20周年庆典上进行"20年"主题演讲

图14 公司20周年庆典晚会现场

图15 2020年吴伟娟接受"最美抗疫英雄"表彰,并获评年度"榜样人物"

图16 2020年我在"抗疫英雄表彰"活动中担任主持人,对吴伟娟(左二)进行访谈

图17 公司15周年以上部分创始团队

图18 2021年"刚刚好 你在"防钢旗舰店开业现场,前排右一是Alice

图19 2018年第15届管理封闭培训上,我给演讲第一名的张玉杰颁奖

图20 2002年创始人

图21 最初创始人

图22 新生活妈妈

图23 快乐团建(2022年)

刚刚好的逻辑

图1 2021年和黄春燕姐姐在大理自驾旅行途中
图2 2021年和崔部长在上海"六零六零抗癌公益基金会"启动晚会现场
图3 2020年参加白宗科博士"白泽大健康产业学院"挂牌仪式晚会现场
图4 2018年在德国与Haimerhof酒店第三代传人Lrmi的合影

图5 2016年和高策理院长（第一排左四）在华盛顿创新学院合影

图6 海军给公司高管做培训

图7 2015年菁菁妹妹到澳大利亚国立大学参加我的研究生毕业典礼

图8 2016年游学日本，和好友王昆鹏的合影

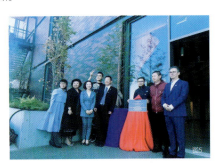

图10 刘剑律师在旅途中

图11、图12 参加妹妹陈功莉的海边婚礼

图13 创业初期和弟弟朱荣建的合影

图14 和女儿、母亲的合影（2000年，女儿不到1岁时）

图15 女儿研究生毕业

图13　图12

图11

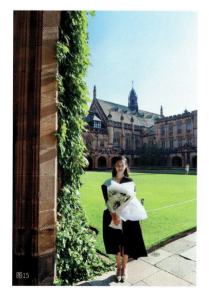

图15

图16

图17

图19

图16 2018年我和导师张世贤教授的合影（

图17 2018年梁鹤年教授在公司给我们授课

图18 2018年在法国博士毕业典礼上

与导师皮尔教授的合影

图19 2016年和好友熊姜在日本京都游学时

每一步
成长刚刚好

图1 2017年法国学习(1)
图2 2017年法国学习(2)
图3 2019年博士课堂
图4 2019年在清华博士课堂讲论文写作
图5 2019年参加上海交大学术交流

图6 梁鹤年在公司讲课

图7 2018年校友访谈

图8 2016年游学日本

图9、图10 2015年公司高管游学日本

图11

图12

图11、图12 2015年游学美国

图13 2008年获学习型组织奖

图14 2018年毕业典礼"法国塞纳河上"

图14

图15 发小三人自驾行西藏

图16、图17、图18 2018年行走北极

图19 2019年行走丹麦

图20 2019年行走奥地利

图21 2019年参观达·芬奇故居

图28

图24

图25

图26

图27

朱荣芬 著

刚刚好 你在

连接爱与商业的那些故事

经济管理出版社
ECONOMY & MANAGEMENT PUBLISHING HOUSE

图书在版编目（CIP）数据

刚刚好 你在/朱荣芬著 . —北京：经济管理出版社，2023. 7
ISBN 978-7-5096-9126-7

Ⅰ. ①刚… Ⅱ. ①朱… Ⅲ. ①服务业—企业文化—研究 Ⅳ. ①F719

中国国家版本馆 CIP 数据核字（2023）第 118828 号

组稿编辑：高　娅
责任编辑：高　娅
责任印制：黄章平
责任校对：张晓燕

出版发行：经济管理出版社
　　　　　（北京市海淀区北蜂窝 8 号中雅大厦 A 座 11 层　100038）
网　　址：www. E-mp. com. cn
电　　话：（010）51915602
印　　刷：唐山玺诚印务有限公司
经　　销：新华书店
开　　本：880mm×1230mm/32
印　　张：5.5
字　　数：142 千字
版　　次：2023 年 7 月第 1 版　　2023 年 7 月第 1 次印刷
书　　号：ISBN 978-7-5096-9126-7
定　　价：78. 00 元

谨以此书献给女儿星星

序

一切都是刚刚好

"138 亿年前宇宙的故事有了开端，仅银河系就有数千亿颗恒星，而我们生活的太阳系行星渺小如尘埃。"这是 2019 年英国广播公司（BBC）出品的纪录片《行星》简介中的一句话，相对于无限的宇宙，太阳系宛如尘埃，太阳系中的地球更是比尘埃还要不起眼的存在。但正是在这样一个渺小的星球上，却孕育着亿万生灵，有海洋生物，有陆地生物，还有微生物等，当然还有最具智慧的生物——人类。

观看《行星》时，我就一直在思考一个问题，为什么不是水星、金星和其他几大行星孕育出了生命，而是地球？甚至还是亿万种族，它们百花齐放，彰显着生命的奇迹。

地球也好，人类也罢，一切的一切都是刚刚好，突然之间我灵光一闪而过，这诸多的刚刚好都体现出了一种联系：孤立存在的事物是不存在的，地球与太阳、其他行星有着千丝万缕的联系，因此造就了地球奇迹般的环境，这种联系是普遍的、悠久的。

这让我想到了马克思主义唯物辩证法，无论是宇宙、自然

界、人类社会还是人的思维，都处在联系之中。而这也为提出
"刚刚好"的观点奠定了理论基础，我正是希望通过分析事物之
间的联系，厘清人与人之间相互联系的媒介，摸透其中的规律，
尝试分析人与人之间的情感要素，以期能够让人与人之间的关
系达到刚刚好的境界，那是一种和谐、幸福、妙不可言的境界。

我知道这将是一个漫长而艰难的探索过程，唯愿倾尽毕生，
只为上一级阶梯。

《服务型企业文化建构中的情感要素》系列丛书之二——
《刚刚好 你在》即将公开出版，对此我酝酿了 5 年之久，如今
与广大读者见面尤为幸甚。

2018 年张世贤教授在系列丛书之一《服务型企业文化建构
中情感要素的绩效价值研究》这一书稿的序言中指出："管理中
国人，就必须结合中国的本土国情、风土人情、观念世情，才
能把人性中最美好的一面激发出来，把人性中最丑陋的一面消
弭于无形。"同时，张世贤教授希望我能够坚持把情感要素对企
业价值的研究持续深化下去，把理论与实践真正结合起来，把
情感要素的理论价值进一步实践化，为服务型企业文化建设和
创新做出一定的贡献。基于对服务型企业的一种责任感，同时
也是为了不辜负张世贤教授的期许，自系列丛书之一出版后，
我便一直致力于研究情感要素如何落实到企业管理之中。

在与梁鹤年老师进行学术交流的过程中，他希望本书以充
满人情味的小故事，将原有理论化的情感要素转变为通俗易懂，
上至企业管理者、下至广大员工都能畅读的"情感小说"。为此

我一直在思考，要如何以身边充满人情味的小故事为主线，将其转化成一本能影响企业管理的"情感小说"？

在系列丛书之一的书稿中，我提出了"五观模型"这一情感要素的践行方式，即培养"爱与成长"的发展观，塑造"阳光心态"的精神观，打造"婉容生活"的人生观，形成"充满关爱"的管理观，倡导"互助互爱"的人际观。当人生走过第二个 20 年之后，我回头探索，才真正发现我和企业能顺利走到今天，"五观模型"在其中发挥了潜移默化的作用。在我创业的 20 年中，"五观模型"或多或少使我与身边的人们相互之间实现了认知边界的突破、信仰的坚守、时刻的反省、未来的向往。

基于此，系列丛书之二《刚刚好 你在》将以自身的经历和感悟为主线，从身边挑选出让我第一时间感到温暖和力量的人和事，以"情感价值"为纲领，以叙事的形式着笔，让情感要素的价值研究实现理论与实践的结合，调动起企业员工的积极性和能动性，从而推动企业在新时代实现高质量发展。

一个人能否做好一件事情关键看心力。心在哪儿，时间和力量就在哪儿，《刚刚好 你在》是完全靠心力和实践完成的一本书，值得期待！

仅以为序。

朱荣芬

2022 年 9 月

推荐序一

张世贤[①]

朱荣芬女士的《服务型企业文化建构中的情感要素》系列丛书之二——《刚刚好 你在》即将公开出版，对此我期待了 5 年之久，5 年的沉淀让朱荣芬女士积累了丰富的管理实践经验，为本书的撰写奠定了坚实的基础。

5 年前，《服务型企业文化建构中的情感要素》系列丛书之一《服务型企业文化建构中情感要素的绩效价值研究》一书出版，这本书从理论层面全面剖析了情感要素对服务型企业文化建构的价值，让我看到了朱荣芬女士眼中的光芒和心中的理想，她想把感情融入企业管理当中。实事求是地说，这是一个非常新颖而又艰难的课题，我也曾和朱荣芬女士开诚布公地讨论过，这是一条开创先河的道路，但凡走上这条道路的人，无一不是以身试错，身披荆棘，甚至有可能跌落低谷，然而回复我的是一双充满光芒的双眸。

① 张世贤，中国社会科学院工业经济研究所研究员，中国社会科学院研究生院教授，巴黎第九大学 Exe-DBA 特聘教授、博士生导师。

作为博士生导师，我为拥有这样的学生倍感欣慰，对于能够参与这样的课题深感荣幸。值得高兴的是，《服务型企业文化建构中情感要素的绩效价值研究》无疑取得了成功，朱荣芬女士凭借这一研究取得了巴黎九大高级工商管理博士学位，她的论文答辩以"最高荣誉"（Highest Honor）获得答辩委员会的顺利通过。毕业之际，作为朱荣芬女士的博士生导师，我希望她能够坚持把情感要素对企业的价值研究持续深化下去，既然已经拉开弓弦，断然没有回头箭的说法，理论的地基已经夯实，是时候开始着手建设了，回复我的依然是那双充满光芒的双眸。

5 年后的今天，我收到了朱荣芬女士的邀请，希望我能够为《刚刚好 你在》写一篇推荐序，我首先想到的便是那双温暖而充满光芒的双眸。现在已经万事俱备，朱荣芬女士对情感要素的理解更加通透，在她看来，企业管理的主体和客体都是鲜活的人，每个人都有自己的个性和情感，不能简单地用管理工具的手段来对人进行管理，尤其是中华民族自古以来就是重情重义的民族，要想管理好中国的企业，必然要讲感情，只有符合中国实际的管理才能激发出人的活力，不仅能够赢得短期的利润，提高中期的核心竞争力，还能够形成长期的可持续发展能力。为此，朱荣芬女士以自身和新生活公司为载体，将 5 年前提出的"五观模型"践行到了自身和企业管理当中，把理论与实践结合到了一起。不得不说，朱荣芬女士领导新生活公司走到今天所取得的累累硕果，既是她个人"阳光心态，婉容人生"这一人生信条的真实写照，也是新生活全体员工"怀大爱心，做小事情"的成功管理实践成果!

我们知道,爱,是人类最崇高、最纯洁、最美好的情感表达!朱荣芬女士把"爱与成长"作为公司企业文化的核心价值观,倡导员工打造"婉容生活"的人生观,以"阳光心态"的精神观为引,成为美好生活的分享者,要求管理者坚持"充满关爱"的管理意识,团结全体员工"互助互爱",共生共创美好家园,这些理念和价值追求倾注了她的全部心血和理性思考。作为她的博士导师,我清楚地知道,她是把情感要素作为服务型企业文化构建中的关键要素来对待的,而且得到了学术界的普遍认同!而爱,作为各种情感要素中最崇高、最纯洁、最美好的元素,又是中华民族几千年来"老吾老以及人之老,幼吾幼以及人之幼"这种仁爱之心的高度浓缩!并在21世纪的当代新生活公司、在朱荣芬女士身上得到了完美的体现!

5年前我曾说过:"我不敢说朱荣芬博士经过这3年多的努力就已经是企业思想家了,但至少在企业文化建设和企业可持续发展的战略思路方面,她已经不会继续在黑暗中摸索了!"但是,当《刚刚好 你在》这本书籍出版后,我可以很自豪地说,我曾经的学生、如今的同伴,已经成长为企业思想家了。本书的出版,为正处于新冠疫情影响下经济转型升级的企业提供了一条新的发展道路——通过企业文化塑造引领企业获得可持续发展的新路径。本书以身边充满人情味的小故事为主线,成为一本能影响企业管理的"情感小说",其所折射出的人情味和管理智慧,无疑会为企业锻造独特文化提供有益借鉴。

　　这是一本耐人寻味的企业文化指导手册，我相信读者们会从这本书中感受到爱与力量，领会到企业文化建构的真谛，说不定也能如我一般看到那双充满光芒的双眸。

　　是为序。

推荐序二

张英俊[①]

　　"生活中美丽、阳光、温婉、知性，工作上果敢、老练、坚毅、快速，学习上谦虚、认真、努力、严谨，而将这些标签集于一身的人就是朱荣芬，这是一位容易让人产生错觉的女性企业家。如果只看外表和谈吐，你很难想象这位美丽的'邻家姐姐'是一家企业的创始人和掌舵者，也判断不出她所处的行业是社会最基层的后勤服务业，而事实上，她的企业早已挂牌新三板，正以每年 40% 的速度快速增长。"这段话是 PSL·巴黎九大高级工商管理博士项目对新生活公司董事长朱荣芬博士进行校友专访时，我写的开篇语。当你见惯董明珠式的强势女企业家形象，见惯朋友圈中常有人放弃事业专注于享受生活时，很难想象有人可以像她这样，将女性的特点和优势在生活、事业中发挥得淋漓尽致，活得这么精彩和自如。

　　与朱荣芬博士的缘分始于清华大学课堂，先是各类企业管

---

　　① 张英俊，北京卓尔教育投资有限公司总经理，PSL·巴黎九大高级工商管理博士项目中方执行主任。

I

理研修课程班，后来她又陆续完成清华大学—澳大利亚国立大学管理硕士学位项目，以及 PSL·巴黎九大高级工商管理博士学位项目学业。10 年来，因为在学习、工作和生活多方面产生交集，让我有机会了解更为精彩的朱荣芬博士和新生活公司，并探究她这种浑然天成的气质是如何形成的，以及她如何打造新生活公司独特的企业文化。

"有深爱者必生和气，有和气者必生愉色，有愉色者必生婉容"，这是朱荣芬从事博士研究期间经常挂在嘴边的一句话。不管是平时交谈，还是入学面试，抑或是课堂交流，甚至是博士论文开题和答辩，"婉容"一词不仅是她的人生座右铭，也是新生活公司企业文化的根基。因此，对于研究"婉容"一词，她表现得相当执着，但和大部分企业家同学一样，她面临的第一项挑战是将"管理语言"转变为"学术语言"，经常困惑于如何找到研究切入点。当时我真的为她捏了一把汗，直到她的导师张世贤教授和她深聊后，帮她确立了"情感要素"这个核心概念，她的研究之路一下子豁然开朗，当时她的兴奋之情溢于言表。随后她的研究成果获得中外教授高度肯定，收获了"最高荣誉"评定，我也曾多次邀请她回到学校给师弟师妹分享经验，并推荐她到上海交通大学安泰经济管理学院举办的"中国企业本土视角下的组织变革与领导行为研究国际学术研讨会"上发表研究成果。

回顾管理思想和理论发展史，正如《管理百年》开篇讲述，历史上，组织尤其是经济组织的演变与管理思想和理论的发展存在着互相促进的关系，而管理研究的进展又为新型组织的巩固提供了支持和保证，这种如影随形的互动关系是管理思想和理论演进的根本动力。伴随着科学革命和工业革命的发展，从19世纪的美国"管理运动"开始，历经百余年，西方现代管理理论体系得以不断发展。中国改革开放40多年创造了举世瞩目的经济奇迹，中国企业家在这个历史进程中积累了丰富的管理实践经验，这个群体中有一大批人除了精通企业实践，还博学睿智、善于思考并对研究有浓厚兴趣，相比传统学者将西方理论框架应用于中国情境进行管理研究，他们拥有得天独厚的优势：作为管理实践的内部人（Insider），他们每天都在接触管理的"真问题"，大量掌握且易于获得一手数据，对具体管理问题有更直接的感知，能够结合中国实践，运用情境理论化方法对中国情境进行归纳式研究，创造有用且可靠的特定知识，这些知识能直接或间接用于解决商业组织和社会中的重要问题。

2023年恰好是我负责 PSL·巴黎九大高级工商管理博士中国项目的第10个年头，上述这段话是我在思考做这件事情的社会意义时写下的。我很感谢和庆幸，有像朱荣芬博士一样的企业家学者参与到这个过程中，她是我心目中的理想学生的样子：既拥有丰富的管理经验，又崇尚科学实证精神，虚心学习，不过度自信；既能从实践中提炼管理思想，又能实现理论回归实践，指导新生活公司实践；既能为自己的管理问题找到答案，又能实现理论的普适性，为社会创造新知识。

在新生活公司20周年庆典贺词中，我曾经说过，《服务型企业文化建构中情感要素的绩效价值研究》源于新生活公司的管理实践，研究成果除了对新生活公司发展具有重大实践指导意义外，还为服务行业，甚至是整个社会贡献了一份具有重要参考价值的知识财富，这也是全体新生活同人为社会创造的另一项价值。此次朱荣芬博士说将在《服务型企业文化建构中情感要素的绩效价值研究》这本书的基础上出版新书，展现更具体和鲜活的新生活公司面貌，我充满了期待。

　　是为序。

推荐序三

刘　剑[1]

　　许多人初次认识朱荣芬博士（大家习惯称她为朱朱，下文就用这个更有名的称呼吧）都是在一些比较轻松的场合，比如聚会或者各种体验式的活动等。在这些场合，朱朱显得活泼可爱，喜欢玩、喜欢笑，所以很难让人觉得她是一个深沉、有着系统思考和崇高理想的企业家。但去过广西新生活公司之后，也许不少人会改变对朱朱的最初印象。

　　2023 年，新生活公司走过了 20 周年的历程。许多人可能不知道，这家公司一直是靠非常低的利润率（好像只有几个百分点）在维持生存、谋划发展，并且在经营规模和内容上不断扩充自己。20 年前他们用 5000 元起家，到现在四五亿元的市值，公司从新三板走到了创新层。在如此低的利润增长率的前提下（甚至还无法抵御和平衡通胀带来的压力），他们把这家公司做成了广西的行业头部企业，甚至在全国也是领先的，这是如何

　　① 刘剑，原北京市地平线（深圳）律师事务所主任、首席合伙人、中南财经政法大学客座教授，现为自由学者兼自由摄影人。

做到的？

在新生活公司，你会看到墙上挂着一幅字："怀大爱心做小事情。"这是最表象的一种企业精神表达，在解释这一理念时，他们常常会用特蕾莎修女的故事诠释其中的含义。然而，我认为，20 年来不可能仅靠创始人的一点爱心和远方的故事来成就这一切。一个企业要想获得长久的发展，必须有独特的企业文化来支撑。在略读过朱朱的博士论文《服务型企业文化建构中情感要素的绩效价值研究》之后，我似乎明白了一些新生活公司企业文化的内在逻辑，也理解了一些朱朱多年以前就开始有的系统性思考。

自古以来，商业是因人而生的。商品和服务都必须解决人的需求，才有生存和发展的动力和机会。而人不但有物质需求，还有情感需求。朱朱正是洞察到这一点，将"情感要素"嵌入企业的管理文化中，以求既解决企业员工的忠诚度问题，也解决企业的稳定问题；同时也用爱的情感传递维系客户的忠诚度，解决企业的发展问题。由此，在新生活，我们看到一种独特的现象：小企业大文化。从新生活从事的行业内容来看，医院后勤、餐饮、照护服务等，似乎没有多少技术难度，很多公司都可以做这些小事。但要想让客户满意，要想做到一定的规模，则是一件十分难的事情。这就需要有企业价值和文化的支撑。朱朱在她博士论文中总结道：除了能够提高员工的忠诚度和积极性，以及提升客户的满意度外，情感要素虽然不能成为企业文化建设的核心要素，但可以成为"关键要素"。现在以这一"关键要素"为管理逻辑和纽带的企业价值观,已经在新生活落地生根,成为属于他们自己的企业文化。据朱朱博士论文中问卷调查显示的信息,在企业文化方面,员工的认可度高达70%,客户的认同度也有50%以上。这说明通过制度创新和文化建设,完全可以把"怀大爱心做小事情"这句话从墙上落实到行动中,赋予服务性经营活动以灵魂。所以,"大"的是文化,是爱的价值观,它由人人具有的情感要素而来,全世界都需要;"小"的是客户眼前的琐碎和烦冗,也是每一个生命都要面对的。如此,企业站位的价值观和面对的市场,前景都是无限的,无论市场风云如何变幻,它都一定是长期的,一定是可以稳步发展的,因为爱不会消失,生命永远是需要被呵护的!这几年新冠疫情造成经济低迷,甚至有所衰退,但新生活公司没有受到大的影响,反而进入快速发展时期,就充分说明了这一点。

即将出版的本书的主题是"刚刚好",而"刚刚好"是在上述逻辑下诞生的一个品牌,甚至我更倾向于认为它是同一个理念的产品细化。也就是说,新生活公司不仅要"怀大爱心做小事情",而且还要做得"刚刚好"!从产品和服务的角度来看,能够做到"刚刚好",是一种更高的境界。应该说,在"情感要素"理念下的管理内容提升,以及服务品质提升上,新生活公司还面临着许多的挑战,"刚刚好"就是他们进一步提升企业价值的战略步骤。企业的使命是创造价值,对于新生活的员工来说,他们需要企业的进步,如此才能使自身的工作有价值。而对于新生活的客户来说，他们更需要"物有所值"的服务，体验爱的传递。"刚刚好"应该是为这种双向行为和感受做出的预先设定，它既是一种服务境界，也是对双方感受的定义，从更高的层面对自身的业务提出了要求。所以，我认为，要真正实现"刚刚好"，新生活需要付出比过去更多的努力。当然，新生活的"爱护宁"项目（养老及病患照护服务）是更具人文关怀的经营计划，也迎合了目前中国社会逐渐步入老龄化的需要。所有这些都显示出朱朱和她的公司对社会的责任感，显示出从"人"到"人"的经营理念。有人说，如今的商场，长远的成功要看人品，最后的胜者一定是价值观的胜利。此话有理，对于企业来说，企业的文化及由此而生成的理念，就是它的"人品"，同时也代表了它的价值观。

我们有幸看到，在新生活，朱朱既是企业理念和战略目标的构想者，又是践行这些理想的领头人。所以，她需要的是更多的理解、鼓励和支持。试想一下，一个旁征博引论证"情感要素"的女博士，操盘着几千人的"小公司"，关键是还怀揣着"刚刚好""爱护宁"的大梦想，这其中得有多少令人好奇的素材，多少令人深思和讨论的话题。所以，这家企业和这个人确实值得我们给予更多的关注和切实的支持。我个人希望通过朱朱，通过新生活公司，看到真正关爱人的、以人为本的人本主义和长期主义的文化内涵，在中国的企业里生根、开花、结果，并培育出具有中国式人文关怀的独特企业文化，这才是朱朱的成功，也是新生活的成功和中国企业的成功。

在《刚刚好 你在》新书出版之际，新的战略目标实施之际，以上一些认识和感悟，妄称为"序"吧。

目　录

第一部分

企业是有情感的

冷冰冰的赚钱组织不是企业，而是丢失了灵魂的商业机器。企业的第一要素是人，无论是为了人，还是为了人的那个人。人的情感和认知一直都是企业生存、发展的无形源泉和动力。

为什么她总是"焦虑"？

她有个好听的名字"水莲"，还记得 2002 年创业初，她刚来公司时纯朴美丽健康的模样。那时的她 20 多岁，和我年纪相仿，一股掺杂着口音的普通话是我对她的第一印象，后来才知道她是壮族人。

她毕业于广西师范大学，当时在家乡的一所中学任教，那时我和她的先生用 5000 元创业金起步，创办了公司的前身——新生活家政公司，她也常在探亲的空闲时间到公司帮忙。谁知道帮着帮着，她就辞掉了原来稳定的工作，加入到了公司，成为新生活人，并且一直坚持到现在。每每提起这段经历，她都会自嘲一番：本来是来探亲的，最后竟被拉入伙。但笑过之后，她都会感叹若是没有当初的选择就没有现在的自己，她觉得很感恩、很知足。

这 20 多年来，我们在一起的时间应该超过了和家人在一起的时间，我们似同事、似朋友，更似亲人，彼此间许多话不言自明。她率真、正直，但也容易着急、焦虑，遇到问题时她总喜欢皱着眉头对我讲话，有时甚至还会直接向我发脾气。说实话，我内心还是有点儿怕她的。但这么多年来，无论她对我态度怎样，我却从未生过她的气，仍旧一如既往地认可她、喜欢她。因为我知道她容易皱眉和焦虑是因为她有责任心、有格局，她单纯且直接，对于一些不负责任的人和事，她会直率地表达出来。就是因为她这样的性格，促成了她一步步的成长，从一名教师蜕变为现在的企业副总裁。她一路走来勤奋学习、敢于挑战，在培训教育、流程管理、知识管理、业务管理、品牌文化等多方面为公司做出了卓越的贡献。而且，从她团队里出来的人个个认真负责、真诚务实、简单纯朴，他们从不和公司谈条件，毫无保留地忠诚于公司。

我常对她说："我看到你就安心，把事交给你放心，你是靠谱的稳江山的人。"有时她也会认为自己的情商不够，不够圆滑，甚至会畏惧，不敢去挑战更高的目标。但其实她完全可以走得更远、做得更好，她有这个能力可以成为像我们企业导师妙苓总那样的领导人，凭借自己的责任心和专业水平赢得市场和人心。

现在的她，虽然偶尔还是会皱着眉头说话，但说话的语气越来越温婉，交谈时笑容也越来越多，笑声也越来越爽朗。我看到了她的蜕变，但是始终不变的就是她那颗永远清澈、美丽、善良的心灵，正如她的名字"水莲"一般高尚正洁。

虽然人到中年，但是她和我一样仍对未来充满激情，为了余生在新生活能够帮助到更多的人、影响到更多人、成为更好的人持续奋斗着，为常青新生活的愿景不懈努力着。她是我们创始团队的优秀代表、创始人精神的引领者之一。

为什么叫她"妈妈"?

每每回想起公司这 21 年的成长历程,那些温暖的回忆便会星星点点涌现在脑海中,在这些零星的片段中,我总能拼凑出关于她的一帧帧画面,串联起那些让我感动的大爱小事,她就是"妈妈"彭云华。

还记得 2002 年 11 月,公司接到了成立以来的第一个项目——柳州市中医院保洁,那时的我也才 20 来岁,不懂管理,不懂运营,更不懂业务,而"妈妈"正是柳州市中医院的一名保洁员。她是湖南人,性格比较"泼辣"。那时的她 40 岁左右,住在一个市井胡同里,每月领着 300 元的工资,白天上班,晚上照顾家庭,闲暇时打打麻将,日子过得拮据但也算惬意。

刚接管这个项目,作为项目经理的我就发现了很多问题,譬如保洁员工作量不饱和、工作质量差、上班时间随意、着装不规范等。为了提高服务形象和效率,急于改变现状的我提出了"3 人的工作 2 人做、4 人的工作 3 人做"的工作设想,万万没想到,这个设想还没开始实行就被扼杀在了摇篮中。一天早上,"妈妈"率领着几十号保洁员罢工,就工作量增加一事找我讨公道,这个场面我可真没见识过,当时我真的是被吓蒙了,但出于责任,我必须得面对并解决问题。我整理了一下自己的情绪，故作淡定地对"妈妈"说："你们先去干活，干完活了来找我，我会帮大家解决好问题。"没想到"妈妈"很仗义地对罢工的保洁员们说："我们先回去做卫生，不要影响工作。"然后转头对我说："我们工作结束后再过来找你谈。"不打不相识，我和"妈妈"的第一次正面接触就是从这次"罢工"开始的。

这件事的后续是她带领大家完成工作后便找到了我，我把大家领到会议室，坦率且直接地告诉大家我的初衷和想法，以及接下来开展工作的思路，希望大家能够相信自己、相信我，我们从事的工作是值得被尊重的。纯朴善良的她们被我真诚的话语打动了，纷纷表示愿意和我一起进行改革，把保洁工作做得更高效、更文明、更体面！就这样，我们的第一个项目得以顺利地开展，我也发现了这位宝藏"妈妈"身上的闪光点，提拔她为领班。这个领班更多的只是一个头衔，除了 50 元的岗位补贴外，待遇并未提高，但是需要承担的责任越来越重。这就意味着她不能再像以前那样按时下班了，照顾家庭的时间自然便少了许多，更别提出去打麻将了。她愿意接受这份工作的挑战，但她的爱人不同意，为了这事儿我还特地找过她的爱人，希望能得到他的信任和支持，好在他最后理解了"妈妈"的决定，背后其实是认可和尊重。

得到了家人的支持，"妈妈"就可以心无旁骛地干事业了。她勤奋工作，努力学习，快速地完成了保洁员到领班的角色转变。只要是她负责的工作，我从不操心，她会把所有事情处理得井井有条，让客户满意。除此以外，她在工作中展现出的忠诚敬业、廉洁自律也让我看到了她在公司可以走得更远的潜质。后来，我把公司的采购业务交由她负责，供应商任何的贿赂都撼动不了她，她就像个"油盐不进"的铁娘子，坚守着自己的原则和底线。现在，只要一提到新生活的"彭妈妈"，我们的供货商们或这个领域的人无不竖起大拇指，纷纷对新生活能有这样一位当家、持家的好"妈妈"表示羡慕。

这位"刚刚好"诞生的"妈妈"，更是在紧要关头如中流砥柱，维护和拯救着公司的服务价值和理念。记得那是 10 年前，一场洪水淹没了整个柳州，她当时负责管理的某医院食堂也面临着倒灌进水的危险。为了第二天早上能正常开餐，她晚上 10 点多带着全家人蹚水近 2 个多小时来到医院，连夜整理、收拾、转移食堂物品，以保证其不被大水淹没。当我第二天早上 8 点蹚着齐胸口的大水来到医院时，看到一切井然有序，才知道她和她的家人一夜没合眼，她笑着对我说："今天早上正常开餐，您放心。"虽然她的文化程度不高，但是她用她强烈的责任心和崇高的道德观震撼着公司上下的心，并成为她胜任任何工作的基石。

她用了 10 年的时间，完成了保洁员—领班—项目主管—项目经理—总监的晋升，完成了从年收入 3600 元到月收入超万元的跨越。她从一个安于现状、不爱学习的一线员工，变成一个乐于奉献、追求上进的管理人员，完美诠释了突破自我的定义。如今她已年过六十，但依然充满激情与活力，做 PPT、写文章、办培训、搞演讲她从来不输年轻人。现在她仍在公司担任着关键角色，担负着重要责任，这一切都源于她懂得爱和感恩。她常对我说若没有公司就没有她的今天，现在的她过得幸福、充实、富裕，在公司得到大家的尊重，家人也以她为傲，她很知足。她说："只要我还能干，公司需要我，我就永远不会退休，和家人们一起守好公司这个大家。"

所以，她成了我们的"妈妈"，成了新生活的"妈妈"。"妈妈"这个称号对于公司来说可是至高荣誉，公司成立 20 年以来只有 3 位员工获得过"妈妈"称号，彭云华便是新生活第一位"妈妈"，也是大家一致公认的好"妈妈"。她把她的爱毫无保留地奉献给了公司，竭尽所能地为公司的发展持续奋斗，就如一位母亲守护着自己的孩子，没有怨言、不求回报。

她，只是平凡人群中的一个缩影而已。这群生活在社会最基层的奋斗者们，满怀着善意和向上的渴望，只为得到人们更多的情感关注和信任。这份认可是对她们所有付出的肯定，一句温暖的话语、一个小小的机会可能都会成为她们努力的动力，从而展现出她们更美、更真、更崇高的一面，为社会、为公司、为家庭做出更大的贡献。

他为何因"一本书"而选择加入？

还记得 13 年前因公司发展，急需专业能力强、综合素质高、服务意识好的核心干部加入，我当时第一个想到的便是他，我们亲切地称他为海江。他是我曾经在酒店工作时的同事，那时我们还是一群 20 岁出头的青涩职场人，给人一种愣头青的感觉，但他却不一样，他给我的印象就是一个靠谱务实、热情上进的年轻人。

当我打听到他当时任职的工作地点时，我便带上了公司出版的《新生活》刊物亲自找上门，诚挚地邀请他来公司发展。当时的他已经有了一份稳定的工作，且各方面待遇都不错，对于他来说，放弃外地工作来柳州发展是件很不容易的事。虽然我们曾是同事，彼此信任、彼此认可，但毕竟公司只是刚起步不久，而且从事的是医院后勤行业，工作辛苦且看不到前途。所以他有些纠结，第一次的邀请以失败告终，其实我也可以理解他的决定，但是我还是不死心。没过多久，我又再次登门拜访，诚挚地向他发出了邀请，好在这次他终于被我的诚心感动，同意加入公司。直到今日，我仍旧庆幸自己的执着和坚持，把他这块璞玉挖到了公司，成为继创始人后第二梯队培养起来的关键核心领军人才。我想除了自己惜才的情怀外，新生活的文化氛围、价值观念也在默默地发挥出"磁铁"般的吸引力，促成了无数的"刚刚好"!

他来到公司后务实肯学、勇于担当，从未因为困难、挑战、压力、委屈有过放弃的念头，一直跟随着公司坚定地往前走，从项目经理、部门总监到事业部总经理，再到统管三大事业部的大 CEO。从选择到担当的成长之路，都是因为对新生活价值观的认可和信念支撑着。在一次分享会上，他提到了当初为何选择新生活，万万没有想到竟是因为一本书——那本我当初邀请他时带着的《新生活》刊物。因为这本书，让他接收到了公司的文化追求和价值观，感受到了公司做大做强的决心。从那时开始，他的内心便有所动摇，当我再次找到他时，他毅然决然地选择追随公司。也正是这时，我才知道他选择公司的真正原因只是因为价值观的认同，如此的纯粹。

一本书所输出的不仅仅是新生活的企业文化，更是新生活爱与成长价值观的传达。爱是选择，是承诺，更是不离不弃的坚持，我们聚在一起成就新生活，他做到了！

怀大爱心做小事情

我的世界有点小，刚刚好装下你

"还是我去吧"

2020年除夕夜正好是我的生日，在举国欢庆、合家团圆的日子过生日也是我人生中的第一次。本想好好庆祝这一难得的时刻，没想到一场来势凶猛的新型冠状病毒肆虐武汉、席卷全国，疫情防控阻击战在除夕前夜全面打响。也就是在那一夜，"吴伟娟"三个字成了新生活人的骄傲，她正是我们这个故事的主人公。

那时疫情比较严重，虽然全国有众多"逆行者"支援武汉，但寻常百姓都避而远之。当时我真的对我们在医院的一系列业务感到忧虑，谁愿意冒着生命危险来挣这几个工钱呢？然而，就在那一天这个人站了出来！大年三十，又有生命危险，她还是义无反顾地站了出来！至今我一直在思考她的这一壮举，也许，许多的不凡都是事情刚开始时的"刚刚好"吧。

吴伟娟是新生活驰援抗疫进隔离区的第一人，也是全国物业行业驰援抗疫的第一人！她带着家人和伙伴们的担忧，于大年三十合家团圆之日，果敢地进入隔离医院从事保洁工作，一干就是一个多月。当大家终于等到她平安出舱、度过安全隔离期的消息时，还没来得及回家见见家人朋友，她又二度进入隔离区驰援，一进又是一个多月。2022年抗疫虽已成为常态化工作，但紧张势态依旧，7月，她又主动请战加入驰援服务队，开始了她的第三次逆行。那句"还是我去吧"说得云淡风轻，但是我们都知道她的不易，流过的汗、滴过的泪，她都默默承受着。

无论是疫情期间"最美逆行，看见"直播视频的她，还是在表彰会上接受荣誉的她，抑或是在工作、生活中的她，每一次的交流和表达，她都是那样的朴实，她用自己的忠厚和行动完美诠释着"您需要，我就在"的品牌真谛。

还记得她第一次进入隔离区 40 多天的时候，我亲赴北海探望她的情形。3 月初春寒料峭，原已回暖的广西突然刮起了大风，那时疫情还处在严重阶段，而她所在的地方属于严控区，但我当时就是迫切地想要去探望她。在吴伟娟毫不知晓时，我来到了她工作的隔离病区，在隔离区铁门外看到了她，当她小小的身躯裹着厚厚的防护服出现在我面前的那一刻，我的眼眶湿润了。我很心疼，也很骄傲！看到我的她不可置信地跑过来，仿若忘记了自己的辛苦和疲惫，高兴得像个孩子。我们就这样噙着泪花隔着那一道铁门，互诉着关心问候。我多想冲破那道铁门，紧紧地把她抱住，告诉她她是多么伟大。那一幕，时至今日回想，心里依然涌起一股暖流。

"您需要，我就在！"疫情期间，她三次选择进入隔离区的故事让我们真正地感受到了这句话的含义，说得容易，但是想要做到却很难，而她做到了。当同行想用高出现在三倍的工资把她挖走时，她毫不动心，只是坚定地告诉对方："我是不会离开新生活的，这不是钱的问题。"在一次分享会上，主持人问她是什么原因让她如此勇敢、如此毫无保留地把爱奉献给公司、事业时，她说因为从小父母言传身教什么是爱和担当，来到公司后爱与成长的企业价值观，让她一直在爱的氛围中受熏陶，她对现在的一切都感到感恩和满足，她也愿意将自己的爱带到每个需要她的地方。

曾经有人问我："你为什么如此热爱你的事业？"我想莱昂纳德·科恩在《颂歌》里写到的那句话足以表达："不够完美又何妨，万物皆有裂痕，那是光进来的地方。"也许很多人平常关注不到生活在最基层的这群人，但是在他们身上我能看到一束温暖的光，虽然不强烈、不耀眼，却能时时照亮我。就如同我们的员工一样，没有很高的学历，也不会说好听的话，但他们务实勤劳、内心充满着爱。在我心中，他们既平凡，又不凡。

吴伟娟只是我们抗击疫情三年期间的优秀代表之一，这样的员工在我们的岗位上不计其数，我从他们身上看到了人类的善意。正因为有他们这样一群默默奉献的人，世界才得以更加美好，而我们只需要给他们一点关注和认可，他们就愿意去相信、去践行世间的爱。

仰望星空，脚踏实地

如果是"刚刚好"，来了就不会再离去

刚认识小柒时，我们都习惯叫她"Alice"，她是我们"刚刚好 你在"合作商派来的负责人，"90后"的她充满灵气和聪慧，喜欢有情怀和格调的东西，这点和我格外像，也许这就是后来的缘分。

故事还得从"刚刚好 你在"这个品牌诞生的那天说起。

记得那是2015年的一个午后，又冷、又饿的我外出午餐，伴随着一阵强烈的饥饿感，我匆忙走进了一家北欧餐厅，那曾是我最喜欢的餐厅之一，但却很久未曾光顾。我选择坐在靠窗口的位置，点了一份简餐牛排、一杯拿铁。阳光正好照进来，洒落在我身上，顿时让我感受到一丝丝温暖。当我吃着熟悉口味的牛排、喝上一口喜欢的热拿铁时，心里突然涌入一种感觉，对于当时的我而言，那是什么感觉呢？仔细一想，不就是刚刚好的满足感吗？此刻，我又回想起自己40岁的人生，一路艰辛，一路追求、奋斗，到最后会不会自己都弄不清楚自己到底想要什么？那可是一件悲催的事情。而且，我相信其实很多人都有过和我当时一样的迷茫和困惑，到了不惑之年，不再执着于人，不再执着于钱，不再执着于时光，那我们需要一个什么样的"归属"呢？我沉思着，突然我觉得人生中有许多有价值的事情，有爱、有欢乐、有善意的相遇，有探索不完的相

知……而这一切不就是"刚刚好"吗？作为喜欢创新的水瓶女生，我当时就决定创立一个品牌，相信此刻的感受能与一部分人产生共鸣，能成为美好生活的分享者，让更多人拥有更通透和美好的生活体验。"刚刚好 你在"品牌就这样在那天诞生了，也有了今天的故事。

虽然 Alice 是合作商的员工，但是她对"刚刚好 你在"的品牌文化和风格却很是喜欢和认可，她很有想法而且很努力，对这个品牌的用心甚至超越了我。就这样，她相信了我，一门心思扎进了刚刚起步的品牌中，像对待自己的孩子一般全心全意地开启了"刚刚好 你在"的经营之路，一步一步地让这个品牌变成我们心目中的模样。5 年过去了，"刚刚好 你在"从无到有，从 1 家店扩展到 5 家店，从 1 款螺蛳粉发展到 4 款产品，产品从茫然无措到清晰定位（年轻、健康、刚刚好），而她也从合作商变成了公司的干部，负责品牌的建设与发展。

Alice 毕业于师范学校，学的是幼教专业，她思想开放、思路清晰，从小就喜欢美学、画画、手工和所有美好的事物，同时，人也很聪明、很善良。也许是因为在公司的成长和发展受到了限制，加上对外面商业模式的好奇和向往，她在 2022 年递交了辞呈，离开了公司。

我对她的离开表示很遗憾，也很惋惜，因为我认为"刚刚好 你在"需要她，而且她也适合"刚刚好 你在"。从品牌诞生开始，她就一直参与其中，我知道她对这个品牌有着很深厚的情感，所以我一直在挽留她，希望她能再坚持一下、努力一下。

但年轻人都是这样，想去见识一下外面的世界，路要靠他们自己去走才会甘心，长者有心但无力，最后我无奈选择放手。但我也告诉她可以先出去看看，不合适再回来，公司随时欢迎她，因为公司不会忘记她对"刚刚好 你在"的贡献和付出。就这样，她离开了公司。

"刚刚好 你在"在换人管理后，失去了原来坚守的品牌概念和产品定位，经营也越来越混乱，我越发觉得这个品牌真的需要 Alice。这时，在外打拼一年的她也经历了很多，有一天，她给我发信息表达了她希望回归公司的意愿，正好和我当时的想法不谋而合。

在正式回公司上班前，我邀请她到我家里吃饭，好好聊聊她这一年的人生体验和心路历程。通过这次深入的聊天，我感受到了她内心深处的改变，她已逐渐退去了曾经年轻时的浮躁，多了份从容和信心，仿佛离家出走的孩子回到了家。她真挚地说："朱董，您放心，这次我回来就不会再离开了。"看着她坚定的眼神和快乐的表情，我很是欣慰，我喜欢的 Alice 就应该是这般模样。这段时间出去的经历让她更清楚了自己之前的问题，并且明确了未来的路要怎么走，而"刚刚好 你在"这个品牌和公司提供的资源足以给予她实现自身价值的平台。

年轻人有试错的机会，而我也愿意给予像她这样有想法、肯努力的年轻人帮助和支持。我相信她定会加倍努力、克服短板，为公司、为"刚刚好 你在"做出贡献。

祝福她，可爱的 Alice，加油！

久如初识

2010 年公司管理封闭培训，我第一次见到玉杰，当时她作为新入职的区域行政文员第一次参加公司级别的活动。那时的她脸膛中带有一丝青涩，却也不失落落大方，在她身上我仿佛看到了自己曾经的影子，不由得对她格外关注起来。

此后，爱学习的她在公司各类赋能学习和自我修炼学习中表现突出，管理状态越来越好，领导者的魄力也越发显现。鉴于她的成长和进步有目共睹，2013 年公司将她提拔为区域实习经理，为她提供了更广阔的发展平台。但是有得必有失，事业上承担的责任重了，留给家庭的精力难免会变少，要面对的艰难挑战也会接踵而至。

那年，她的女儿 5 岁、儿子 2 岁，正是需要父母陪伴的年纪，但是她却缺席了孩子们的成长过程。女儿回到家哭诉着别的小朋友上幼儿园都有妈妈的接送但她却没有，每天早出晚归的生活让儿子几天都见不到妈妈，难得的周末时间也被项目各种紧急突发情况占据……对孩子每次允诺又每次失言，让她感到无比心酸和无奈。一向支持自己拼搏事业的爱人，也开始对她偶有抱怨，甚至向她提出了换工作换岗位的请求。那段时间，她有多无助多彷徨，我都能感同身受，我又何尝不是这样一路走来的。经过一番激烈的思想斗争后，她还是鼓起勇气找到了我，她向我倾诉了这段时间因为如何平衡家庭和事业间的问题造成的内心煎熬，甚至好几次都想放弃事业、回归家庭，但是她对公司、对这份工作的热爱始终让她无法割舍、无法放弃。她向我寻求解决家庭和事业间矛盾的方法，我只和她说了三点：一是我珍惜她、公司需要她；二是她其实心里已经有了决定；三是家庭的支持是事业成功最坚实的后盾，相信爱她的人定会理解她。聪慧如她，定能化解心里的困惑和矛盾。

成长的路上永远不可能一帆风顺，新的问题不是在路上，就是在准备来的路上。最艰难的时候，市场纵深拓展难、团队不稳定、管理问题频发等几个问题同时迸发，但擦干眼泪后，她继续撸起袖子干。在一次工作汇报上，她说过一句话，让我久久不能忘怀，她说"成熟在逆境，成长在绝境，只有敢于直面困难的人，才拥有真正强大的人生"，像极了当初那个敢闯敢冲、无所畏惧的我。

时光从不辜负努力奋斗的人，她用了13年的时间让自己所负责的钦州市场从无到有，从一个项目到几乎拿下所有可开发的项目，而她也从一名文员一步步成长为项目主管、区域经理、事业部业务总监，这一路走来离不开她的阳光心态和任劳任怨。

如今她从钦州调任至南宁，身上的担子更重，但她也更自信从容了，她俨然已从当年柔弱的"小女子"成长为一名英勇的"大女将"。在聪明过剩的年代，聪明多见，靠谱却难得，而她就是这样一个靠谱的人。她始终怀着感恩之心，在充满机遇与挑战的路上，一步一个脚印，绽放属于自己的绚丽色彩！

这就是我初见时的她和13年后的她，依然阳光单纯、朴实自然。

暖心暖胃刚刚好

第二部分

刚刚好的逻辑：相遇、发现和传递

布雷格曼说："绝大多数人在内心深处都是相当正派的。"其实，相信这句话比去求证这句话更加重要。善意和爱是永恒的存在，关键是你要如何与它们相遇、如何彼此发现和传递。

美好的感情全宇宙通吃

赤松子①

写作有很多技巧，但最大的技巧是："美好的感情全宇宙通吃。"你可以试试，当你的诗歌讲了真话，当你的散文抒发了真情，当你的小说随手能拎出来一个全身湿透了情感的人物，其他技巧就都被覆盖了，或者其他技巧都为了突出"真情实感"这个本质。

如果情感是人的本质，企业管理能够去情感化吗？能够让狼性文化吞噬人性的柔软、胆怯和恐惧吗？能够让冷冰冰的制度消除人性对温暖和宽容的渴求吗？能够真正做到一切按规章制度办事吗？

"好制度让虫变成龙，坏制度让龙变成虫"，没错，制度是管理的龙头，但好制度一定是遵循了人性、能够激发人的美好情感的制度。

当你试着去写一个冷冰冰的正面人物，你的作品会被接受吗？能被接受的冰冷人物常常是这样的：在关键时刻，他的爱像火山一样爆发，覆盖了冰山，实现了反转，让所有人的感情都找到了寄存的那个点。不管是文化、制度、狼性的、虎性

---

① 赤松子，导演、记者。

的，都是感情的一种表达形式，它终会回到一张笑脸上。爱是不嫉妒、不自夸、不张狂，爱是凡事包容、凡事相信、凡事盼望。

有一种管理者，天生自带情感"流量"，文化和制度融汇在他的性情里。这种管理者已经一步到位，无须包装，他们是奥斯卡殿堂级的"演员"，可以一下把你代入情景、代入故事，让你感觉人生如戏、戏如人生，如同工作、生活在梦幻里。

电影导演的终极工作是什么？不是叫全体员工各就各位、观众对号入座，而是调动所有人的情绪。在片场，工作人员情绪饱满，拍片效率就高；在戏里，演员情绪到位，喜怒哀乐就表达充分；在影院，观众情绪被调动起来，跟着电影的人物一起哭、一起笑、一起疯狂，这部电影就成功了。老板，不就是一个导演吗？

枇杷是酸的，会变甜吗？

陈谋[1]

如果一颗枇杷是酸的，它会变甜吗？人们说这不可能，但是我告诉您，在特定情况下是可能的。

十多年前的一天，我和小朱的伙伴们到三门江国家森林公

---

[1] 陈谋，曾任柳州市人民政府秘书长，为人亲和，关心社会弱势群体。

园山顶餐厅吃晚饭，饭前小朱拿来很多枇杷分给大家吃，大家一看大吃一惊，这些枇杷个头小，有的好像还未熟，用嘴一尝，一股酸溜溜的味道，大家的眼睛眯成一条线。有人说："小朱，你的枇杷真是天下第一酸!"小朱听了不以为然，慢慢说出了原因：当时上山快黑了，她发现一位山里阿婆在路边卖枇杷，每逢过来一个人，阿婆就叫卖着"买枇杷啰"，但估计是果实的卖相不好，所以没人买。小朱见阿婆的枇杷没人买，加之天也快黑了，她就帮了阿婆一把，把酸枇杷全买下了，阿婆也开心地下山回家了。大家一听，很受感动，小朱买的是爱心枇杷! 于是我们又吃起来，感觉好像也没那么酸了，这凝聚了爱心的枇杷好像有点甜甜绵绵的味道。

人说一滴水可以反射出太阳的光辉，小朱的爱心是一缕阳光，能够惠及他人，所以一点不难想象出为什么新生活公司的理念是"怀着大爱心做好小事情"了。当时我就预感到小朱和他们的小小家政公司，今后一定会做强做大，因为文化不是写在墙上的标语口号，而是公司员工们在长期的社会实践中形成的，这就是企业可持续发展的灵魂! 我的判断不错，十多年以后，新生活公司上市了，公司现在员工数千人，分公司开到了各地，成为广西后勤服务行业的龙头。

朱荣芬：2002 年我们相识，我一直亲切地叫陈谋大哥，他正直善良，心怀大爱，坚持为人民服务，他给我的影响一直都在，在与他相识相交的 20 多年里，他的遵时守信和对每一个人的平等尊重深深地影响着我。感谢生命中遇见他，让我能成为更好的自己，是他让我懂得什么叫教养和尊重。

灵魂澄澈，遇见即好

丁玉霞①

于千万人之中遇见你所要遇见的人，于千万年之中，时间的无涯的荒野里，没有早一步，也没有晚一步，刚巧赶上了，那也没有别的话可说，唯有轻轻地问一声："噢，你也在这里吗？"

2015 年，扬州，春，初见。

没来过扬州的人，不知道春风是醉人的酒；没见过荣芬的人，不知道美人究竟有多美。

因为一座城，爱上一个人，还是因为一个人，爱上一座城？

靛蓝及踝的长裙，白色苎麻上衣，齐耳微卷短发，笑靥如花，眼神清澈，眉间自带清气。眼前宛若大学生的荣芬是新生活集团的企业创始人和掌舵者吗？我竟然愣住，直到她亲切唤我姐姐时才回过神来，说了句："噢，你来了这里吗？"

她此来，是为了考察扬州市的相关投资项目。2015 年，是

---

① 丁玉霞，温暖如春、书香门第的扬州女子，中国药科大学毕业，多年从事进口汽车贸易及汽车文化推广，8 年前姐弟俩在美丽的扬州古城创立了原创生活品牌"霍比屯"。在美丽的古城扬州有着 3000 亩的农文旅线下体验基地。

荣芬妹妹的新生活集团发展的第 13 个年头，我们中国人把年方十三的女孩称为"豆蔻"，在这刚刚好的年华，于美丽的扬州初见，便温柔了世间。

布鞋布包的荣芬，早已不需要奢侈品来定义自己。她的足迹遍布全球，在法国参加毕业访学，在非洲加蓬探秘陌生国度，在日本学习极致服务，在北极挑战极寒冰水，在一线鼓舞员工士气，在全国分公司指挥若定，在吉林看雾凇和滑雪，在青岛收获帆船比赛冠军，在深山中闭关挑战辟谷，与家人共享天伦之乐，在巴黎九大课堂上分享研究经验……这才是她丰饶多彩的人生。

真正成功的人生是灵魂澄澈、精神丰满的人生。荣芬所寻如是，爱与自由；荣芬的人生亦如是，所寻爱与自由，拥有世俗意义上的成功，分毫没有睥睨众生的傲慢；拥有活泉喜悦的内心，分毫没有人生得意的猖狂。一切，刚刚好！

木心在《五岛晚邮》中写道：你尚未出现时，我的生命平静，轩昂阔步行走，动辄料事如神。如今惶乱，怯弱，像冰融的春水，一流就流向你，又不知你在何处。唯有你也，也怯了，懦了，向我粼粼涌来，妩媚得毫无主意，我们才又平静，雄辩而充满远见，恰如猎夫互换了弓马，弓是神弓，马是宝马。我想，我该去她的城市看看她。

2018 年，桂林，夏，重逢。

荣芬妹妹与我漫步桂林，我与她一道安顺于平凡人生和世间烟火，守持着内心独立和精神自治，憧憬着诗和远方、爱与自由，我们微醺于夏季的风，而友情的酒正悄悄酝酿……

艺人在街头表演，荣芬妹妹借过话筒，邀我同唱，见我怕羞躲闪，她也不强求，引吭高歌《亲密爱人》，轻盈起舞，路人皆驻足、聆听，继而喝彩、鼓掌。我望着眼前的她，不造作、不伪饰、不压抑，坦坦荡荡，侠肝柔肠，情深义重。我又仿佛看见一道聚光灯自上方投射于她！发梢发光，天真自在，自带光芒！在个性的含蓄内敛与率性洒脱间，她，刚刚好！

尼采在《查拉斯图特拉如是说》中提出"精神的三种变形"：精神如何变成骆驼，骆驼如何变成狮子，最后狮子如何变成小孩。理想人格是以儿童为象征的。尼采说："弟兄们，请说，狮子不能做的事，小孩又有何用呢？为何掠夺的狮子要变成小孩呢？——小孩是天真与遗忘，一个新的开始，一个自转的轮，一个原始的动作，一个神圣的肯定。"尼采肯定的是一种以简为美的心灵童真，一种天然无忧的生命自由，一种返璞归真的精神索引。骆驼的负重和狮子的掠夺仅作为生存，孩童状态才是灵魂的安放之所。在荣芬妹妹身上，王者之气与孩童之真同时存在，是一种奇迹。在生意场的惊涛骇浪中，在戎马天涯的半生体历中，成熟练达与简单纯真的距离，她，刚刚好！

"真正的好女子，不仅男人喜欢，女人也喜欢，我宠爱她们胜过爱自己……可少有男人配得上她们。上帝真是残酷，派出了她们却没同时送另一种男人到这世上……"我认同三毛的说法，由衷地希望看到荣芬的身旁会有一棵橡树，但我这愿望似乎又有些狭隘了，无论谁是橡树，谁是木棉，都不重要——你有你的铜枝铁干，像刀，像剑，也像戟；我有我红硕的花朵，像沉重的叹息，又像英勇的火炬。我们分担寒潮、风雷、霹雳；我们共享雾霭、流岚、虹霓。仿佛永远分离，却又终身相依。这既是爱人之间恰当的距离，亦是友人间恰当的距离，刚刚好，就好！

2019 年，上海，秋，相会。

上海交大徐汇校区的校园里已满地黄叶，带了点红，卷着边儿。我和荣芬妹妹情如姐妹，我儿子小熊也是荣芬妹妹的干儿子。我带着儿子小熊去听她的文创课。她热爱学习，也坚持学习，也因此，这个从重庆大山走出来的女子，一路读到了北京清华，读到了巴黎九大。这种蜕变与成长，也许不止于刚刚好。拥有强大学习能力的她说，除非眼睛看不见、耳朵听不清，不然不会停止充实和提升自己。

此行，我收获很多，小熊的收获更丰！

小熊 10 岁以前的梦想是长大做一名全能歌手，他喜欢唱歌、弹琴、跳舞，一切都向着梦想努力，并也已如愿成了小童星。荣芬干妈妈指着交大的百年历史人物墙对小熊说，科学家被人们认可和尊重，相对而言，他们所创造的价值要超出演艺界的明星很多。我们要升起科技强国的旗帜，把自己的精神旗帜升起来，把自己的前程未来升起来，把国家民族的旗帜升起来！作为小熊干妈妈的荣芬的这番话深刻影响了孩子。小熊重新定义人生价值观，矢志学习科学知识，也不过三年，就已三次获国家举办的信息类比赛一等奖。这种成长，刚刚好！

荣芬不仅把自己的旗帜树立起来，甚而影响了至爱亲朋，对此，我仍愿意用一棵树来比喻她。

此时的她，刚刚好，不忧不惧，也枝也蔓，也柔韧也坚定，穿越浊世，仍顽强地将童心葆养。以自己最喜欢的事情为业，在美好光阴中把自己修炼成一棵树，向上成长，每一片叶子都追赶阳光。

人应该做好两件事，一为点亮黑夜，一为修复黑夜。我以为，一个精神明亮的人，既可照见自己，又可点亮他人。

叫人感念和思痛的东西愈来愈少了，比如雪色，比如琴瑟，比如知音。

一想起荣芬妹妹，我的心里就涨满了雪，比大地上的棉花还多。荣芬妹妹是我思念画布上的村落、窗花、粗棉布、从雪山顶流淌下来的河水和水里勇敢的鱼。

绿蚁新醅酒，红泥小火炉。晚来天欲雪，能饮一杯无?

2022 年，冬，你来，或我去?

朱荣芬：她让我明白了什么样的灵魂是纯净、洁白无瑕的，成功时不张扬跋扈，失败时不低头气馁，一切都是恰到好处的刚刚好。

刚刚好的"雪碧"

杨云[1]

在每个人都匆匆忙忙的时代里，"刚刚好"就像一弯清流，会让你瞬时宁静下来。这也是我初见荣芬总的感觉。

在几年前正和岛的活动中，我被一群渴望突破自己认知的企业家围绕着问这问那，不经意地发现有一位婉约的女企业家站在人群的外面，面带微笑默默听着大家的提问和我的回答，不住地点头。我正讲得有点口干舌燥时，眼前突然出现一杯雪碧，真的是刚刚好。递雪碧的就是本书的作者，带着灿烂的笑容，自我介绍说："我是朱朱。"

细致入微的观察和体会，才能做到刚刚好，这远远比把客户当成上帝更难。而能用"刚刚好 你在"去对待每一个人，每一件事，就必须有珍惜所有存在的理念，用平和的心态看待这个世界。

我从她的言行举止中，总能体会出"怀大爱心，做小事情"的情怀。告诉我们如何用"刚刚好 你在"的态度对待企业员工，对待客户，对待供应商，甚至周边的环境和物品。一花一世界，书中的每一个小故事，都是用平凡创造伟大，如同那杯

---

① 杨云，上海交通大学客座教授，正和岛高级副总裁。

刚刚好的雪碧，用每一颗在你舌尖崩裂的气泡，传递一种善意满满的情感。

刚刚好的善意一定源自"爱的感恩"心态，是这个世界能够循环往复、生生不息的基础。作者能够从周边的点点善意，汇聚出这本充满智慧光明的企业管理书籍，也是这个商业世界刚刚好的需求。

情怀以待，传递知识

高策理[①]

我记得一位前辈曾经说过，学习是生活、学习是习惯、学习是一面镜子。我理解学习是生活，其实就是生活的一部分，不可或缺；学习是习惯，那就是自然而然的发生，不需要任何外在因素去触发；学习是一面镜子，就是说通过学习才能发现美和不足。学习既是每个人的事，也是组织的事；个人学习以完善知识结构为基础，组织学习既可以以问题作为导向，也可以以组织战略落地和组织能力提升作为目标。

与新生活公司朱荣芬董事长认识了挺久，现在回忆起与她交流的过往，印象最深的是她在做自己商业服务活动的同时，始终不忘学习：一是不忘自己的学习，积极参加各种有意义的

---

① 高策理，曾任清华大学继续教育学院院长，现任清华大学工会副主席。

学习班和课程，不断完善自己，也总结了很好的经验与大家分享；二是不忘带领新生活服务团队学习，通过训练营、交流会、师徒结对子等方式时时刻刻组织学习，让学习成为每个员工的习惯；三是践行学习成果，从实践中总结经验，反哺理论知识。

　　学习与商业到底是不同的事情，如果说寻找其共同点，我觉得还是两个字：情怀。新生活公司一直以"怀大爱心做小事情"作为企业的价值观，也道出了朱女士的特点和追求——情怀以待，传递知识。

　　朱荣芬：从高老师身上我学到了："我们不在于学什么，而在于学；游学，不在于去哪儿，而在于和谁在一起。"求学路上只需情怀以待，不需要顾虑太多，一路前行，商学结合。

永远的女孩

黄春燕[①]

　　我们已经认识差不多10年了。在这10年里，朱朱经营企业的同时读硕士、读博士；爬上某座山、跳进北冰洋；在奥地利独居或北海道滑雪；阅读许多书籍，游学各大高校，生命力惊人。

---

　　① 黄春燕，曾经是一位公务员，为追求自由与美离职创业，20年前和先生一起创建了自己的服装品牌"木库"，正努力成为国民年轻潮流品牌。

　　这样一个活力美貌兼具的人却不是温室花朵，她引领一家后勤服务公司，从事护工、餐饮、保洁、服务的工作，一起干着头上冒汗的苦活，创业 20 年，公司从一间 25 平方米的小店，成长为服务数百家企业的后勤服务公司，她是个飒女子。

　　和朱朱相识到相知，有惺惺相惜之悯。我们一起学习、旅行，她有着我很喜欢的特质——青春活力。虽然工作时非常理性，但私下却感性，这孩童般的好奇心，好玩又不知疲倦，常常以质朴的心灵感染周围的人。

　　我和很多人非常喜欢和朱朱相处的重要原因在于，她身上的积极情绪，是的，她有着非常珍贵的情绪价值，和她在一起，舒服放松，不必合规合序，这种自在很难得。

　　我常会忘了她是企业家，爱运动、爱旅游、爱玩、爱打扮、爱闹，在有限的生命里，旺盛地活着。其实，她身上最宝贵的不是创建了企业，而是对生命的演绎和古灵精怪的生命力。正如她自己所说，人生苦短，爱都来不及，哪来的怨和恨，希望青春无悔，永葆质朴。

　　朱荣芬：春燕是地道的成都人，一直给我满满的温暖、陪伴和能量，她和她的爱人业余时间最喜欢的就是研究地理和行走世界，看遍世间的美景、吃遍世间的美食，她既是户外旅行、徒步的深度爱好者，更是美好生活的分享者和美好家园的建设者，和她在一起，自在而美好。

理性与感性携行

覃晓宁[1]

说起荣芬，我喜欢昵称她"朱朱"。一是因为她姓朱，二是她性情可爱，包容大度，不会介意姐妹们拉近距离的诙谐。更因为在我们结识的十几年中，她一直是我前行路上的一束光。我这样称呼她，希望尽可能表达出对她的崇敬、亲密和爱慕。

荣芬虽然个头不高，身材瘦小，但温柔的骨子里有一股韧劲，从不言败，从不会迷失自己。记得我们相识之初，彼此都正处展业之年。我和燕琪在荣芬的提议及带动下，结伴立志继续求学深造。几经努力，燕琪去了英国攻读硕士，我去了中国音乐学院访学，而荣芬申请到美国留学未能获批。但荣芬毫不气馁，毅然决然争取去了清华大学进修硕士、博士。后来在她的鼓励和引导下，我也奋勇踏进了读博的大门，作为中国社会科学院张继焦教授的博士生，从研究人类学迁移史转为研究世界瑶族音乐文化传承与发扬。

她是一个能呼风唤雨，也可小鸟依人的知性的人。对事常

① 覃晓宁，教授，广西艺术学院音乐教育专业毕业，现任教于广西科技师范学院音乐与舞蹈学院。曾师从著名古筝演奏家、教育家赵登山、周望、林坚、王岚岚等，被我国古筝泰斗、山东派古筝国家级非物质文化遗产传承人赵登山先生收为关门弟子。

有独到的见解，有自己的原则和主张，有深度，又豁达，无论顺境逆境，总能拿得起，放得下。可以毫不夸张地说，在姐妹当中，荣芬算是能给我们做出示范的思想者、哲人、实践家，也当之无愧是开启我们前路的灯塔和引路人。或许正是她具备这种超常的特质，才卓有成效地把所学所思所悟运用于创业和经营管理，打造出一种已贴上其标签的企业文化、成功经验和生活智慧。

她有着我至为欣赏的理性和感性。在她身边，如鱼得水，会有一种轻松愉悦的舒适感，也有一种心照不宣的自在。我们可以像充满童趣的孩提般畅所欲言，欢乐开怀，也可以像良师益友一样相互切磋，推心置腹，展望未来。尽管我们所从事的工作、所学的专业泾渭分明，却总能达成殊途同归的共鸣。这种知遇之情，常让人感慨万千，难能可贵。

朱荣芬：她在我心中是一位了不起的艺术家，我曾说很想为她写一本书，关于她的爱情和艺术追求的故事，书名都想好了——《一人一琴一瑶服》。10多年前我便认识了她，每一次相见我都沉浸于她的古筝弹奏中，是她的琴声让我懂得了"摔碎瑶琴凤尾寒，子期不在与谁弹？春风满面皆朋友，欲觅知音难上难！"的故事。在她身上，我再一次相信了学无止境，求学致知，只要你足够美好，有内涵、有才华、有追求，做好自己，在这个世界上就一定会有立足之地，道路始终为求学者敞开着。

海绵吸水

张凌①

　　一想起朱朱和新生活公司，我就会想到"海绵吸水"这个典故，她的包容博大的内心宇宙仿佛能够容下万物，在前进的道路上她从未满足于现状。认识朱朱时，我还是一个才执业5年的律师，刚刚作为合伙人和同事们开办了第一家律师事务所。在清华的校园里，踏入一个陌生的教室，倍感局促的自己很快被她那张甜美的笑脸所吸引……多年以后才明白这就是"婉容"的魅力，我们在清华民企总裁五期班开启了同学的缘分。

　　第一次得知新生活是同学们的口口相传，一个小小的、刚刚起步的企业，甚至有同学在谈笑中说那只是个提供保姆式服务的企业，但拥有很温馨、细致的企业文化。朱朱很坦诚，不在乎告诉同学们自己第一次坐飞机、把小企业微薄的利润全都投资于学习的经历，而动力就是根植于她内心的将新生活公司打造成一个专业提供医院后勤服务的企业，让自己走出广西，到外面的世界拓展视野、吸收知识，从而让新生活公司变得强大。很多人当时对此只是莞尔一笑，感觉像是冠冕堂皇的说辞。

---

　　① 张凌，泰和泰律师事务所高级合伙人、清华大学继续教育学院客座教授、新生活医养服务管理股份有限公司风控法律顾问。

然而毕业后，她每一年都继续游走在各大学不同的课堂中，汲取不同的养分，并且能够真正把每次课堂学到的知识带回新生活公司落地。再后来，她将硕士、博士学位纷纷攻了下来，可以站在不同大学的讲台上介绍新生活公司、传播新生活的企业文化……这一切都如同海绵吸水，是精神层面的激情澎湃、永不满足的执着追求。

朱荣芬：有的人是因为了解而不喜欢，有的人是因为了解而喜欢甚至是爱。18 年前我们两人因为清华同窗而相识，当初在课堂时我们关系一般，因为她理性，我感性，性格差异太大，比较难融合。毕业后，我们很多同学从熟悉走向陌生，反而和她是越走近越喜欢，时间越长，我们的感情越厚重，越信赖对方，这也许就是气味相投的缘故吧，和她在一起就是一份温馨、安心和向上的美好。

情感植入，向上生长

张妙苓①

第一次见她是在正和岛云翎塾一期学习营，她上台自我介绍时的模样娇羞爱笑，小身板穿着一条连身花裙子，看起来很

---

① 张妙苓，中国台湾人，曾在台湾麦当劳工作 27 年，被评为全球总裁奖，后在上市公司雅茗天地集团担任全球总裁，现任新生活医养公司企业导师。

年轻，猜不出年龄，没法跟精明的企业家形象联想在一起。记得她说，她也不知道来学习什么，反正杨云老师开课就报名跟着学习，一路跟随像是追星，听完介绍也不明白她的企业是做什么的。

她说自己是小草，没读过什么书，草根创业带着 5000 元从重庆到广西柳州，说自己帮人家扫地做保洁后来有了物业公司，帮人家做饭后来有了大型餐饮后勤保障公司，帮人家做居家护理后来有了爱护宁照护公司，为给现代人提供更健康美好的生活后来有了刚刚好美好生活餐饮平台。她说，她的世界并不大，刚刚好装得下我！她在创业 20 年的时间，把公司从保洁服务带上了新三板上市公司，把自己从一株小草变成了清华大学博士生。

2021 年 5 月 20 日，我们双方合作的餐饮茶饮项目启动，我受邀第一次来到广西南宁刚刚好品牌总部洽谈业务，也应朱朱要求为新生活公司旗下所有品牌的小伙伴准备了两个小时的演讲，在"520"这天相遇这些散落在人间的天使，从此我爱上了她们，她们教会我爱、教会我奉献，她们是一群怀着大爱心做小事情的天使。

本来以为自己挺棒的，也活出生命的意义了，但在遇到朱朱及新生活公司之后才发现自己还存在一些不足。记得"520"那天早上 10 点，一开始播了一段关于新生活业务介绍的视频，以及在疫情期间他们舍小家顾大家，没日没夜在医院照护病患及保障医护后勤生活的点点滴滴，我全程是哭着看完的，那时我才深刻明白新生活公司的理念——怀大爱心做小事情。这是一种深刻的情感植入，这样的企业文化在朱朱的带领下深刻地植入了每一个新生活人的一言一行中，我心中不由得敬佩万分。

也就是在那个时候，我明白了朱朱所说的阳光心态、婉容生活，因为她活给我看了；也明白了朱朱所研究的情感要素对企业经营管理的影响，因为看着新生活的伙伴将情感植入到了工作当中，以自己从事的服务工作为自豪，每个人都活成特蕾莎修女的模样，这是精神层次的提升，这是情感要素的影响，这是企业文化的扎根向上发展的生长力。

朱荣芬：她说："卓越只是过程，活出人生的意义才是终点。"她是谁？她是有爱有影响力的卓越女性，17 岁进入麦当劳，持续工作 27 年，被评为全球总裁；她是快乐柠檬雅铭集团总裁，她的愿景是把中国茶文化带到全世界；她是新生活和我的导师，带领着一群怀着大爱心的普通人做着平凡的小事情；她是一片云，就像她的偶像曼德拉一般，愿意通过学习成长，奉献自己，帮助他人。

携手"跨界"CP

黄蔚①

我与她的相识、相知，从偶遇到成为挚友和合作伙伴的过程，都充满了戏剧性。

有一次，我在上海交通大学的总裁班讲课，课后她主动找到我并聊起了她的事业。未曾想，这次近距离的交流，不仅让我们成为惺惺相惜的挚友，更促成桥中在广西落地的第一个服务设计项目，使我们成为彼此欣赏的合作伙伴。

在不少人看来，我和朱荣芬博士来自不同领域，看似是完全不会有交集的两个人，但正是在推心置腹的交流中，我们打破边界，成为"跨界"CP，甚至在一个看似完全不可能的细分行业展开了一场服务设计实践。

她致力于研究"如何将情感要素落实到企业管理之中"，这一点与我们服务设计的理论完美契合。有幸作为新生活公司的导师，我需要做的是帮助他们了解和逐渐掌握服务设计的理论工具和跨界实践的一般规律，协助她和团队定义问题、研究问题、选择研究方法、提炼成果、协助并落地。我陪伴她们走过一段充满挑战又富于启思性的成长旅程。

---

① 黄蔚，跨界跨国的设计咨询团队——桥中的创始人和全球服务设计联盟（SDN）上海主席。

我们一起重塑爱护宁服务产品线，优化品牌形象和沟通语言，梳理患者从就诊前到出院后的整体流程，提炼出需聚焦的几大关键场景，新生活团队顺延策略方向，多管齐下，对此实现了真正落地。

我们携手，怀着大爱，做了一件"小事情"。回望这段过程，收获最大的其实是我和我的桥中团队。我们看到朱荣芬博士团队的凝聚力，他们积极地思考，并且不断地寻找突破创新，而更让我感到震撼的是，他们在服务设计创新方面有着如此坚定的决心和高效的落地能力。

团队成员看似柔弱，却极具韧性；做的事情看似很小，却极具大爱。

朱荣芬：黄蔚老师，江苏人，酷帅有趣，才华卓越，热情活力。在2019年上海交大课堂上认识了她，服务设计是西方教育的一门学科，是研究生课程，我很期待它能在中国生根发芽、开花结果，更想在这条路上努力奉献一点自己的力量。我会继续带领团队跟着她去实践更多服务设计，为提高我们行业的服务环境、用户的服务体验而努力，也希望更多人认识这门学科、掌握这套工具，为消费者提供更科学和人文的舒心服务。

家庭致和，爱企如家

白宗科[1]

初识朱朱是在福州，那天一早和几位教练营的同学相约晨跑，10分钟后我就落在后面迷了路。于是我只好独自沿着河边慢跑，她刚好就在我身后。对她表象的直觉是自律且美好，便打了个招呼，可是转圈就不见了。听同学们说，朱朱热爱运动，仿佛有用不完的精力，爬山、帆船、打球、游泳……样样都行，这是我初识朱朱。

朱朱的女儿叫星星，独自在国外从大学读到研究生，骨子里还有朱朱的刚强和上进。我看着喜欢，便收做干女儿。星星和朱朱在一起时是"天人合一"般的姐妹，朱朱是女儿的榜样。身教胜于言传，朱朱的教育方式可以给受教育内卷所累的老母亲们一些启示。

朱朱不仅是女儿和姐姐，还是朱家掌门人。去年，朱朱给山里的老家翻修了大宅，照片上的一家人在尚未竣工的别墅前烧烤，大人孩子们散落了满满一院子：热烈、温馨。空气中都充斥着令人羡慕的烟火气。老人们眼里的幸福告诉我：朱朱活成了父母的骄傲。后来，我给朱家大院起了个响当当的名字，

---

① 白宗科，博士，深圳细胞治疗集团总裁，癌症防治发展专项基金副主任委员。

恶搞了一把——"朱圈"。

朱朱的企业叫新生活公司，从事利润较低、社会紧需的医院后勤服务，这项工作没有爱心和耐心很难坚持。朱朱常说："新生活的员工多数来自社会的底层，服务的又是行为受限的患者群体，两端都需要爱心的链接。新生活公司既要像家人一样照顾好员工，又要让员工像家人一样照顾好患者。"

新冠肺炎疫情让很多民营企业经营困难，新生活却是其中的勇者和逆行者，她正擂着战鼓，眼神坚毅，无惧风雨，带领着家人们一路向前！

朱荣芬：白宗科博士是我6年前在杨云老师的教练营学习时相识的同学，他对白泽计划的践行和大爱精神深深影响了我，在他医学专业的感召下，我自主花费了近2年时间去了解和学习防癌抗癌的科学知识，让自己和更多人不再谈癌色变。我也乐于参加抗癌防癌基金会发起的倡议，直到最后成功落地，不仅让自己更加健康，同时把健康分享给家人及更多的人。

灵魂含香，生活自得

姜辉①

　　初识朱朱便被她的爽朗笑声感染，她笑得那么真诚彻底又透着几分傻气。她是一个看似爱玩长不大的女孩，喜欢挑战各种刺激运动，但我眼里的她在不断突破自我，处处拜师访友去学习成长。她总能在平凡琐碎的日子里，发现和创造源源不断的乐趣，把欢笑传播到我们心中。

　　从朱朱身上似乎总能瞥见一股韧劲儿，认定的事就钻进去琢磨，也就是这股钻劲儿成就了她的爱护宁事业。秉着怀大爱做小事的信仰，有一缕书香，一缕心光，绽放她的自信和热情，长期坚持做点点好事，有担当有泪水，撑起爱护宁的春天。

　　只有懂得生活，才能领略鲜花的娇艳，只有懂得爱，才能领略心中芬芳，她就是朱荣芬，一个爱傻笑、灵魂有香气的大女孩。

---

　　① 姜辉，江西南昌人，毕业于上海同济大学，毕业后在意大利佛罗伦萨定居多年并在意大利 APEX 包装集团公司担任副董事长，同时于 2006 年担任苏州群泰包装制品有限公司董事长兼总经理，在行业内担任中国奢侈品联合会常务理事会员。2013 年担任正和岛苏南机构执行秘书长和苏商会理事。2011 年成为复旦 EMBA 管理校友会成员和馨然荟女性企业家俱乐部成员。

朱荣芬：姜辉是位时尚达人，爱好旅行、绘画、音乐、艺术品鉴赏，这些兴趣爱好与我不谋而合，从姜辉身上我学到了什么是洒脱，什么是人生，最重要的是要让灵魂散发出清香，从而吸引更多的人。

人的一生中一定要去看最美的风景，

还要去见有趣的人，也要做有意义的事情。

坚守善念，敢于想象

海军①

15 年前，作为新生活两位创始人朱董和熊总的清华总裁班同学，我很荣幸被邀请到当时新生活公司广西柳州总部参观学习。在和创业管理层逐个沟通后，我不仅了解到了新生活公司团队的优良，也深刻地意识到新生活公司所从事的事业有着非常广阔的前景。

和朱董商讨后，我组织管理层开展了一场"未来会超越你的想象"小品演出，高层、中层分组畅想新生活公司美好未来的某一时刻，用小品形式演绎出来。

大家从蒙圈到尝试，从试探到畅想，越来越有感觉，管它能不能实现，大胆想象先过了把瘾。我对大家说，我们回顾十几年前，无论是自己还是国家，我们又何曾想象到能取得当前的成就。3~5 年的事，我们不能过高预估，而对 10~15 年之后的事，我们千万不能低估，未来会远超我们的想象。这个超越，有科技进步的力量，有社会发展的推动，更有我们自身把握机会、努力拼搏的结果。

今天，距那次未来想象已有 15 个年头了，新生活已然发生

---

① 海军，海天恒基装饰集团董事长，新生活投资人和董事，从 2005 年起一直持续关注和赋能新生活公司的成长。

了天翻地覆的变化：业绩翻了十几倍，利润稳步超越，团队人员倍增，人才涌入，总部搬迁南宁，挂新三板再入创新层，正冲北交所……尽管现在的发展没有当时大家口中演绎得那么夸张，但我相信，也远远超越了所有人的想象。

　　总结新生活公司阶段性梦想的成功，我认为坚守善念、敢于想象是最为关键的，新生活公司一直倡导"怀大爱心做小事情"的理念，这种谨守善念、落地细节的价值观，已逐渐在行动中形成了新生活独有的文化，我觉得这就是新生活公司最大的竞争力。企业竞争力表现的是效率，但企业间竞争的根本，最后一定是价值观之争。新生活从发展开始，就对企业价值观的坚守尤为重视，有些人觉得这是虚的，可事实是，一切实的都是虚的这个本质的外化体现。

　　朱荣芬：海军博士的企业创立了20多年，他是位既有情怀又有智慧，重情义又把事业做得很棒的青年才俊和企业家，他既是我多年的同学和朋友，也是我们企业成长的导师。他让我第一次感受到私董会带来的启发和价值感，让我对公司战略有了更坚定的定位和决策，学会做减法，聚焦价值和梦想，做最好的自己。

热爱生活，亲近自然

宁远　贝壳①

　　和朱朱姐的相识，是在一辆开往"本库"旗舰店的大巴车上。那是正和岛组织的一次实地考察和学习活动，朱朱姐正好坐在我的旁边。作为新晋学员，我向大家详细介绍了自己，还有我们的品牌，朱朱姐听完，马上打开远家的淘宝店，"这件好看，这件也好看"。就这样，她在两分钟之内，就由一位陌生人变成了我家的 VIP。我对朱朱姐的第一印象是爽直、干练，加上她雄厚的企业实力，活脱脱一个霸道总裁。

　　后来，朱朱姐带着家人来到了位于明月村的远家，他们在这里住下，骑自行车、采茶、制陶、染布，每天拍很多笑得合不拢嘴的照片给我看。"一个热爱自然的人，一定也很热爱生活。"凭着这种同类的直觉，我开始深入地关注和了解朱朱姐。我发现，在她爽利能干的背后，有一颗文艺、柔软的内心。她爱她的团队、热爱她的工作，喜欢旅行，是一个放松有爱的妈妈，与此同时，她也被这个世界爱着。她穿得起世界名牌，但发自内心地喜欢远家的棉麻布衣，她既能像个孩子般在成都冬日的雪地里打滚，也能一秒回归优秀企业家的身份，发表热情

---

　　① 宁远和贝壳，是一对表姐妹，生长在同一个村庄，年龄相差十个月，创立了原创生活美学品牌"远家"，宁远是董事长，贝壳是 CEO。

洋溢的演说。

朱朱姐正是我们在这个大大的世界里，遇到的知音和同类。在做事业和做自己这件事情上，我们和朱朱姐有一种相同的笃定：坚持终身成长，相信做一个老实人也可以活得很好，愿意走一条难而正确的路。

朱荣芬：她们姐妹俩是我特别想成为的女子，是美好生活的创造者，而我只是美好生活的分享者。我们都崇尚简单美好的生活方式，通过亲近自然来表达对生活的热爱，用心工作、真诚待人，相信我们都是追求"刚刚好"美好生活的代表者。

真实自然，刚刚好

熊姜①

离天使最近的病房，几千名新生活人在照护着每一位患者。而新生活的 20 年，一直由天使般的她——朱荣芬董事长引领着，前进着。

"你是朱董的挚友，可否劝一劝她，减少发朋友圈的频次，少些真实？毕竟企业大了，创始人需要在公众场合之下特别注意形象。"新生活公司的高层委婉与我道来，自然我得转而告

---

① 熊姜，江西省时代包装的董事长，2016 年笔者游学日本时相识的好友。

之，而话还未能完全说开，她便断然拒绝了我的建议。什么是朋友圈？什么是生活的真相？朋友圈自然是真实动态的记录，更是爱生活、更自然的随处呈现。她的解读让我不仅仅是妥协，而是认同之后的被影响。更值得一提的是，任何一段摘记的文字，她必然会注明出处与作者名。因为在她的世界里，一直遵循严谨的求真求学方式。于是，你若是她的朋友，你看到她的朋友圈，可以打开你看世界的另外一扇窗：真实自然，刚刚好！

"我被隔离了！"疫情之下第一时间冲到一线的她，没有被劝阻终止脚步，并且情不自禁地拥抱了一线的工作人员，结果她自然被隔离了。而她的原话是："我怎么能不到一线与她们在一起呢？"

"你在哪儿？别怕，我在！"同为女性创业者，在我创业路上的至暗时刻、几近崩溃的时刻，她却保留了我身边几乎所有至亲的联系方式，就为了随时找到我。一句"别怕，我在"，一次又一次跨过千里陪着我走出了最艰难的时期！

当然，更重要的是她还懂得尺度的治愈，让你不得不领教：原来，善良保持底线，才是刚刚好！

朱荣芬：我们于日本学习时相识，由于彼此性格的差异、行业的差异，又有共同价值观的追求，成为惺惺相惜、彼此欣赏、共同进步的好姐妹，每年我们都会去看望彼此，每天我们都会和对方分享自己的美好与不好。她是一位视事业为生命、

视美学为灵魂、有着匠人精神的女性，她一次又一次地努力实现她心中的理想王国。她让我们明白了企业从 0 到 1、从 1 到 10 的标准是什么，我们需要怎样对待。学习什么不重要，重要的是和谁在一起学习；做什么也不重要，关键是与谁同行。

反哺社会，传递温暖

崔宝善①

"也许我们都曾经历过自身或身边人遭受病痛折磨的时光，也曾期盼有人能在我们无力支撑的时候给予帮助，漫长的岁月里，我们总会需要一盏明灯，照亮那些突然黑暗的路。我倡议成立癌症防治基金，希望我们的基金能为社会点亮一盏小桔灯，虽然它只是微弱的一束光，但一定会带来温暖，希望有爱无癌。"

我在 2020 年 9 月参加一场公益活动的现场，听到了广西新生活集团朱荣芬董事长这段感人肺腑的倡议成立癌症防治基金，点燃生命希望的演讲，使我不禁生出敬意，她还说"但是，没有行动的希望，是死的"，倡议大家立即行动起来，给肿瘤患者带去希望，由此我一直深深敬佩她秉承的"怀大爱之心做小事情"的理念。

---

①　崔宝善，教授，全国知名健康管理专家，中国健康促进基金会癌症防治发展专项基金管委会主任委员兼专家委员会主任委员。

在朱荣芬董事长的倡导下，上海细胞集团白宗科博士积极组织筹划协调，集聚一批正能量爱心人士共同发起筹建癌症防治基金。弘扬慈善文化，助推慈善事业，是崇高的人道主义事业，是社会文明进步的重要标志，慈心为人，善举济世，是中华民族的传统美德。他们的慈善心、公益心、仁爱心、博爱心，感染人们，传递温暖，得到了越来越多社会各界有责任感的领导、专家、企业团体及个人的关注与支持，并给予重托，寄予厚望。

我深信，朱荣芬董事长反哺社会，传递温暖的愿望一定能够实现！

朱荣芬：2020 年，在崔部长的带领下，我与上海细胞集团一同参访了杭州微医集团总部，学习互联网医院的发展模式。通过学习我们看到了中国数字健共体的发展，从解决百姓看病难、看病贵，再到"健康有道"的定位。对于从事"医后"行业的企业来说，我们也在思考如何通过互联网医院赋能和助力术后康复阶段的肿瘤患者，如何为患者提供更好的护理服务。

挑战自我，突破极限

洪静①

这个看起来斯斯文文的女子，几天前在北极大西洋纵身跳入冰碴儿，赢得了一群国外友人的点赞："你是中国跳入冰碴儿的极少数人之一。"

她感动了别人，也感动了自己，当然也感动了我。这段时间，我每天都看她在朋友圈现场直播。众人皆睡，唯我与她醒着。这个阳光健康的女子就是朱荣芬。

先前我一直叫她"婉容"。昨天她才告诉我，婉容是她公司的文化内涵：阳光心态，婉容人生。"有深爱必生和气，有和气必生悦色，有悦色必生婉容。"婉容即为美丽，于是从那以后我改口叫她朱朱。

和朱朱相见恨晚，她想约我出去散步，可我病了，别说散步，就是躺在床上有时都比较吃力。我曾经留下遗言：如果走了，请把我埋在春天里……结果，我被 Monty 带到了美国的春天里，从此与柳州朋友们黑白颠倒。朱朱去了北极，我们好像在同一个时间区域。我开始关注她的朋友圈，每一条微信都不放过。

---

① 洪静，美籍华人，笔名洪砖，广西著名记者、作家，已故，文章为生前撰写。

　　"世界的最北点就像一个奖品，仍然是现代冒险者、探险者和自然爱好者热情追求的目的地……"我为她点赞、留言，于是我们有了交集。貌似我站在大西洋礁石上，遥望她在北极玩得风生水起。去北极冒险，朱朱筹谋已久，最初是缘于一个好友邀请，她便欣然答应了。她是个"真"人，率真纯粹真性情，一旦有了想法，必须付诸行动。

　　她想去极地挑战极限，挑战自己。出发前，她先在柳州挑战自己，游泳、爬山、步行、健身……她的微信签名是读书、健步、新生活。她追求身体和灵魂同样强大，没有身体，梦想只是梦想。必须要有健康的身体，才能让梦想成真。她每天都会在朋友圈签到：一张坚毅的背影图片和行走的步数。

　　告别北极那天，朱朱站在冲锋舟上，望着海天一色，那片世界净土，有一种神奇的力量在呼唤她：跳下去！她会游泳，但从未玩过跳水。听队员说，曾经有个船员在某个夏天跳入北极的水中，游了几十米。上岸时，他发现自己四肢都在流血，血水渗透了衣服。

　　朱朱没有害怕，反而斗志昂扬。她骨子里流淌着"麻辣烫"——执着、勇敢、坚毅、顽强、不屈不挠……各国"极友"鼓励她："如果你跳下去，将成为在北极跳水的少数中国人之一！"朱朱原本就想挑战极限，如果不跳，也许她就不明白什么叫极限。北极的风呼啸而过，迎风而立，彻骨生寒。朱朱没有犹豫，脱下厚厚的外套，只剩下贴身衣服。专业人员给她绑上救生带，她深呼吸，纵身一跃，跳进了零下的冰水中。

后来听她说，冰水如万把钢刀，齐刷刷地扎向她，自己好像摔进了布满玻璃碴儿的罐笼，身体没入冰水后，直接麻木了，迅速失去了感觉，没有冷，也没有痛，只有致命的麻木，她感觉自己快要死了，出于求生的本能，她拼命地划动双手，往回游去。当她游上船时，像一条岸上鱼，无法呼吸……想起那一幕，仿佛劫后余生。

在极地体验了生命的极致，刷新了她的人生纪录。通过这次极限挑战，她觉得自己会更加淡然，更加从容面对人生的得失与生死。朱朱获得这一纸证书，如同捧回一个奖杯，它与名誉和金钱无关，却重于名誉和金钱。

朱荣芬：很幸运成为她笔下的故事，成为她生前的好姐妹，她的用心和鼓励让我很感动，她让我再一次相信我们要敢于做自己，也许会有人不喜欢或讨厌，但总会有人偷偷地爱着你。我们虽有10年未谋面，但我深信我们都仍是像"疯子"一样的女性，无论是工作还是生活。勤奋的人是好运的，重情的人是幸福的，才情的人是美丽的，而她是集好运、幸福、美丽于一身的……她生前的每一天都在用文字、用笑容、用心温暖着别人，与她相处过的人都喜欢她、爱她。我说："别人对你好、喜欢你，是因为你本身值得被爱。"

刚刚好 你在

刚刚好 你在

60

大事与小事的故事

陈九霖①

　　我非常喜欢广西新生活"怀大爱心，做小事情"的精神。这个大爱之心，可以说是大爱无疆，这在广西新生活点点滴滴地体现了出来。现在，我就"小事情"讲一个故事：早在 2002 年，我在新加坡的税后年薪已达 2350 万元人民币，成为新加坡乃至中国的"打工皇帝"的时候，在（柳州）这个地方，有一家公司，正在用 5000 元人民币做一个家政公司。小不小？非常的小！我在北京认识这个公司的时候，其实它依旧很小。几年前，约瑟公司的一个老总叫安亮，他在清华大学进修清澳硕士班的时候，跟我说："陈总，清华大学想请你去做演讲。"我说这段时间非常忙没空去。他说："你一定得去，你去不只是做个演讲，还有一个我们可以扶持的小企业，更重要的是，这个企业的女老板长得如花似玉。"我说："你前面讲的我不听，凭这最后一句话，我也得去一下。"于是，我到清华大学做了一个演讲，结识了朱荣芬女士。接着，我们就讨论合作的问题。后来，在签约仪式之前的一天，有一个大老板找我，他是湖北黄冈市

---

　　① 陈九霖，博士，现任北京约瑟投资有限公司董事长，新生活天使投资人，兼任湖北楚商联合会、黄冈楚商联合会、浠水商会联合会等社会组织的领导职务，是多所知名大学和中国社会科学院研究生院的特聘教授。

人，在加拿大有一个非常大的油田，被认为是我们家乡的首富。他和他的太太慕名而来，说："陈总啊！我准备投你8000万到1亿元人民币。"那个时候我非常缺资金，很希望有"大款"支持我，我因此非常感激，并且邀请他们出席第二天我们与广西新生活在北京万怡酒店的签约仪式。在这之前的晚上，我模仿了基督徒的做法，一个人在一个小房间里，跪下来祈祷上帝的指示。我说："上帝啊！你一定要支持我，把这8000万到一亿元人民币的资金拿过来，以便我可以支持像广西新生活这一系列的小公司。"

第二天，我们的仪式如期举行。这个老板和他的太太也来了。我跟他像今天一样，戴上贵宾的花朵，把他当作座上宾。第三天，我问他，我们之间的投资协议什么时候签？他就找了很多借口，迟迟没有签署投资协议。事后，有一次他在丽都饭店请我吃饭的时候，说："九霖啊！本来我是要给你那个钱的，但是看到签约的那个公司如此之小，跟你做的事情非常不匹配。你是曾经在1997年就主导投资2亿5000万美元的人，你怎么能做这么小的事情呢？"他还说："即使我个人同意，我的太太也因此有点不同意啊！"于是，这笔资金我们就没有拿到手。

话说回来，走到今天，我仍然认为广西新生活还是一个小公司。但是，它已经腾飞起来了，在中国的资本市场上占有一席之地！今天，说小也小，说大也大。我觉得任何公司都是由小做大的，你看看马云的阿里巴巴，50万元人民币起家，也是非常小的；比尔·盖茨的微软，起步也非常小；世界投资界的鼻祖巴菲特起步的时候，也只有十几万美元而已，但到了今天，巴菲特掌管着几千亿美元的财富。万丈高楼平地起，千里之行始于足下！"勿以善小而不为"，于无声处听惊雷。只要你怀有一颗大爱之心，你做任何小事情都一定会由小到大。高山不拒尘埃而成其高，大海不拒细流而积为大。我有充分的信心，广西新生活在这种大爱之心的引导下，一定能做得越来越大。这是因为，爱是世界上无可阻碍的巨大能量。

借助在新三板挂牌，广西新生活已经脱胎换骨，凤凰涅槃。她已经将产融结合的理念融入企业的血液之中了！

总之，只要怀有大爱之心，我们一定会看到广西新生活的未来更加美好，一定会看到她做出更加伟大的事业！而且，不只是一项伟大的事业，很可能还会成就广西新生活各位员工的伟大人生！约瑟公司和我本人以饱满的热情，以厚重的期待，伴你成功，伴你到未来，伴你永远永远！

朱荣芬：陈九霖博士让我学会了如何酝酿机遇，如何厚积薄发，如何在忙忙碌碌中找寻到一丝宁静，让我真正地做到戒骄戒躁，不会为外物所打扰，不断在积累中期待新的机遇，从一个胜利走向另一个胜利。

还是曾经的她

卢波①

人生在世，谁无年少青春，谁无朋友闺蜜，但人这一辈子，真正能够保持那份纯真情感，值得相交一生的挚友却超不过一手五指。

记得在 20 世纪 70 年代，身边许多的同学朋友初中毕业就进入社会，但我却立誓无论如何也要读高中。在那个拥有纯真情感的年代，我认识了朱朱和李健，我们三人的友情便是从那个时候开始的。

也许正逢青春年龄，我们三人拥有一致的人生观和价值观，又彼此欣赏，我们成了一辈子的好朋友。

珍存的回忆永远保留在内心一隅，或愉悦或感动，每当想起总会感慨万分。犹记得高二班级组织到南坪科普中心春游，我带着她们两人到南坪姐姐家里玩耍，忘记了集合时间。作为班长的我被班主任痛骂一顿，但那三人独享的时光显得如此美妙且富有乐趣。

毕业后，我们三人各自成家立业，虽各赴前程，但每年都会不定期地找个机会小聚。相聚时的那种兴奋是无法言喻的，后来带上家人小聚也就成了家常便饭。

---

① 卢波，一名普通的国网电力工人和工程设计师，在平凡的工作岗位上，孜孜不倦地当好一名"电黄牛"。

我们曾经有一个承诺，当谁遇到困难，吃不起饭，无家可归的时候，其他两人愿意提供一个小窝作为避难之所，一起去面对风雨。也正是这个看似很普通的承诺，让我们的情感一直保存至今。

朱朱是开公司的，现在虽为董事长，但在我们的眼里她还是曾经的那个她，不会因身份地位的变化而发生情感的变化。

平时我们没有电话往来，也没有嘘寒问暖，但彼此心里都为对方留有一片天空，现在才知道这种情感叫知己。

所以知己，不用多说，你需要，我就在。

朱荣芬：16 岁相识的高中同学，我们仨一起走过了 30 多年的日子。人生走过 40 多年，无论这些年认识了谁，经历了什么，她们都是我身后最安心温暖的底气，在我需要的时候她们总会在第一时间出现，让我坚信这个世间始终有一种超越爱情的友情，那就是"你需要，我就在"的发小知己情。

我的姐姐

陈功莉①

姐姐正好比我大 15 岁，当我还是个孩童时，姐姐已经开始

---

①　陈功莉，从小立志想做检察官的她如愿毕业于西南政法大学，但毕业后进入银行工作，工作顺利、家庭幸福，美好而自律。

工作了。小时候姐姐就非常疼爱我，每次回来给我带好看的毛衣，扎好看的头发，拍美丽的照片，带我去山上田野间摘折耳根，做她最喜欢的一道菜，我就跟在姐姐后面坡上坡下地跑。小河沟嬉水抓螃蟹，乡间生活简单快乐，我喜欢跟在姐姐身边，她就是个孩子头儿，和她一起干事又起劲又开心。

我再大一点儿听妈妈说姐姐成立了自己的公司，虽然那时并不清楚公司做什么，但我由衷钦佩她的胆识，她就像一只火凤凰迟早要到更开阔的地方施展自己的才华。在我看来姐姐是真的爱读书、爱学习的践行者，我上大学的时候她在四川大学学习英语，我大学毕业了她到澳大利亚读研，我工作了她继续深造博士，学无止境在姐姐身上得到了最好的诠释。她的微信个性签名也写着"读书、运动、新生活"，我想学者是永远不会停下脚步的，我亦以她为榜样。她总是鼓励我走出去多看看世界，她说读万卷书不如行万里路，树移死人移活，人要到处走走增长见识，知识不仅在书本上，还在手上、在脚上、在脑海中。

至今记得姐姐说："我接触了许多领域的知识，但是有不少还没能转化为自己的本领；我学习了很多专家的理论，但是有不少还没能转化为新生活公司的竞争力。"或许姐姐不断地学习，为的不仅仅是追求知识，更多的是希望通过知识升华自己，强大新生活公司，这就是知行合一，学以致用吧。

朱荣芬：我们相知相伴 30 多年，在异乡游学、创业的路上，因为有她和家人满满的爱和陪伴，让我内心不再孤单、不再害怕，勇敢地做自己，坚持去做喜爱的事业。

一期一会

谢文博①

因为工作原因，疫情前我几乎每周往返于中国与日本，与朱荣芬的相识，也缘起一次正和岛组织的日本游学。

2016 年 4 月 10 日，樱花盛开之际，前往日本游学的学员们相约在北京首都机场会合。作为游学带队的老师，我自然早早就前往机场，没想到在约定好的集合点已经有同学在等待了。"你也是去日本的吗？一会儿我们一起吧。你可以叫我朱朱姐。"印象中好像从来没有哪个企业家以这种口吻和我对话，一种具有穿透力的亲切感扑面而来。这就是我对朱荣芬的第一印象，"朱朱姐"也成了日后我对她不变的称呼。

2016 年 4 月的日本之行主要围绕日本服务力开展学习，我想这一行一定给朱荣芬的"服务观"带来了极大震撼。从 MK 出租车公司（日本服务力前三的标杆企业）参观结束出来时，她在大巴内眼含热泪激动分享的情形，我至今仍历历在目。所以很快，刚过国庆节，朱荣芬就组织了 14 名新生活的核心高

---

① 谢文博，生于四川宜宾，在上海交通大学求学期间逐步成长，2003 年作为访问学者公派赴日，后就职于日本 500 强企业，从事技术研发工作。

管，在我的带领下开启了六天五晚的日本极致服务之旅。这一次我针对新生活在服务层面的具体需求，对"MK 出租车公司"和"东京迪士尼乐园"这两家以服务力见长的企业进行了深入学习。让我没有想到的是，日后这两家公司也成了朱荣芬博士论文的研究案例。从学术和理论的高度来研究"服务"，这位来自重庆的纤弱女子重新定义了"主要靠身体吃饭"的服务行业，改变了我对传统服务行业的认知，让我刮目相看。

朱朱姐告诉我，现在"一期一会"已成为日本社会的普遍价值观，日本人重视当下这一次的际会，因此，从文化和价值观上，推动了日本服务水平的提升。她认为在中国，商业理论更重视回头客，如果只是来一次的客人，往往得不到商家的重视和贴心服务。在日本则相反，日本认为即便是回头客，每一次的服务也是唯一的一次，只有做好了每一次的"唯一"，才会有更多的回头客。

曾经我的一位老师告诉我，容易受感动的人才能做好服务业，朱朱姐正是这样的一个人。疫情让经济出现了短期的波动，但人民群众向往美好生活的长期愿景不会改变，而"服务"将是美好生活中不可或缺的重要组成部分。

朱荣芬：10 年前，我和他因为正和岛日本游学结缘，他的热情大方、渊博学识让我印象深刻，通过游学日本让我们成了朋友，同时在我撰写博士论文期间，他在日本服务企业案例访谈方面给了我大力的支持和帮助，让我获得了更好的研究素材和数据。虽然我们因为疫情多年不见，但我一直都在关注他，自律而勤奋，阳光而开阔，他总是给我满满的正能量。

为你写诗

朱荣建[1]

大山大水步行十里小山村

牛耕鸡鸣日出日落田间行

锄禾汗滴风吹雨淋坡上爬

向往山外美好生活梦想追

11 立志　出乡关

出门务农书本带忙里偷闲学知识

夜晚学至凌晨后煤灯油尽才入睡

持之以恒成正果学校成绩名第一

弟弟上学被人欺姐姐英勇揍对方

成长路上磨难多姐姐带我向前走

录取通知被人截姐姐痛苦勇面对

弟弟贪玩成绩欠姐姐又爱又有恨

苦心助我成绩升省吃俭用助我学

20 立志　展宏图

---

[1]　朱荣建，重庆新生活公司总经理，阳光帅气朴实率直，自强不息锲而不舍，新生活坚定追随者。

初入社会虽迷茫远大抱负心中定
勤工俭学开店铺年轻有为不怕苦
创业路上坎坷多不屈不挠有收获
积极思考求进取柳州广州新生活
中医柳医喜迎来事业进入初始化
工医人医齐跟进新生活之路确定
八桂大地风雨吹事业进入全广西
品牌文化定战略迈向全国谋上市
30 立志　行千里　致广大
最高学府去深造北大清华十年窗
日本澳洲法兰西全球游学助公司
巴黎九大定乾坤博士毕业新三板
引领企业奔十亿百年品牌齐奋进
追逐梦想三十载书写不惑辉煌史
大爱小事生愉色婉容人生继续追

朱荣芬：我有时会打趣地说："父母给我们姐弟俩取的名字很有意思，儿子叫荣建，负责建设干活，女儿叫荣芬，负责分享。"荣建是我弟弟，他的成长以及给予家人的爱是我生命中不可缺的关键部分，他一路勤劳向上，锲而不舍，成长得越来越好，就如我们老家门前那棵香樟树，让我安心更让我自豪，让我内心柔软放松更让我充满能量，继续在创业路上前行。

变了，也没变

菁菁①

2012 年我去澳大利亚布里斯班出差，下了飞机排队买火车票进市中心的队伍里，我前面是一个留着齐耳短发背着双肩包的女子。我听到她用蹩脚的英文努力地和售票人员沟通着，我走上前问她是否需要帮忙。她笑眼弯弯带着重庆口音说："好啊。"火车上她看着地图，并没有想麻烦我的意思，我问她住在哪儿，她给我看了她酒店的地址。我说到了市区，咱们一起找。当我们来到"酒店"门口，我俩都有点儿惊讶，那是一个很破旧的楼里的背包客栈。她说可能她没表达清楚，只是说不需要订太贵的。我确实有点不放心她一个人住在那儿，我说："姐姐，要不然你去我的酒店和我一起住吧，正好一起做伴。"到了我住的酒店安顿下来，我俩一起吃晚饭，这才好好互相介绍了自己，她说自己是个妈妈，在国内有自己的企业，这次来澳大利亚游学是为了提高自己的英文。那晚两个天不怕地不怕的女人，在相识的第一天，就这样睡在了一张床上。之后的几天，我白天见客户，晚上我俩聚在一起，去河边看摩天轮，漫步在异地的街头，在饭店里听歌喝酒，聊着彼此的故事，就像好久

① 菁菁，留学澳大利亚，长居墨尔本，是一手打理着有机农场，一手带着两个儿子的妈妈，是既幸福又努力的女孩。

71

不见的老友。几天后，她回了悉尼我回了墨尔本。是分别，也是我们情谊的开端。

2014年，姐姐和我说，她清华—澳国立管理硕士毕业了，会来澳大利亚参加毕业典礼。那个夏天，我们一起在澳大利亚路驾，从墨尔本到阿德莱德到帕斯，从乌鲁鲁到悉尼再到堪培拉，我们一路相伴，看蓝天和白云，看星辰和大海，聊着天南海北和对未来的向往。

2018年，姐姐在法国巴黎九大博士毕业，邀请我去欧洲参加她的毕业典礼。我如约前往，我们同游了德国和法国，我坐在台下，看着她戴着博士帽，在人群中闪闪发光，笑靥如花。

我和姐姐的故事就这么简简单单；这一场相识，是缘分，也是必然。那是两颗带着各自能量的心，一起打开了那扇叫信任的门。相识十年，姐姐在我的眼里，变了，也没变。变了的是她的学识、境界和越来越多的"不可能"；不变的是她的真诚、信任、对生活的热爱和她笑时眼里的善意。在她小小的身体里，我总能感觉到一个巨大的能量场，而支撑这能量场的，是那颗始终能被看到的初心，她一直正视自己的不足，在学习实践中提高自己，最后实现了自己的人生价值，这应该是姐姐爱自己的独特表现。

朱荣芬：她是一位山东女孩，美丽而善良，勤劳而大气，她是我第一位以"亲妹妹"相待的女孩。10多年过去了，虽然她成了家、立了业，还拥有了两个可爱的帅哥宝贝，但她依旧可爱阳光，喜欢和我这个姐姐聊这聊那。近几年，因为疫情，因为彼此的忙碌，更因为她有了幸福的家庭生活，我们已很长一段时间没在一起玩耍见面了，聊天的时间也变少了，但我们的心一直在一起。在生活中，她有任何烦恼困惑或快乐幸福的时刻都会想起远方的我。她说想把一年中最珍贵的时间留下来和我相约去旅行，像从前那样快乐地在一起玩耍，去我们想去的地方。

一生只做一件事

Tina YANG①

2014年12月25日，一个西方家人团聚的节日，我们在南半球的夏天——澳大利亚相遇了。都说"有朋自远方来，不亦乐乎"，何况又是在这么特殊的日子与地点。自从那以后朱朱姐就在我生命中成了不可磨灭的存在，都说"执着"是一件很令人敬佩的事，我觉得她就是一个完美的例子。

那年正是她创业的第12个年头，她来到澳大利亚游学，希望把更多不同的企业理念和创新融入公司中。听了她是如何从3家人以5000元起家的故事，我只能说是"执着"与"信念"让这么一位娇柔美丽的女子拥有这么无穷的力量与智慧。自从那

①　Tina YANG（杨万婷），四川人，漂流海外18年，与世界八大名庄之一的白马酒庄一同打造亚洲市场高端葡萄酒新体系，亚洲区项目总监。

以后我们就成了亲密的"网友",朱朱姐也成了我人生中一位非常值得学习的榜样。

我们的再次相遇,是 4 年后在法国。那年的我正在为自己的人生爱好充电——在法读 MBA,朱朱姐也再次踏上了她欧洲游学的旅程。一如既往,她还是那个我认识的她,不断学习,一心只想如何把企业做得更完美,让每位员工都可以感受到价值感,因为有了价值感便会有价值认同,能够让员工产生主人翁的思想。至今,我们每次见面我都能感受到她对事业的浓厚热爱与激情。

生命是如此的渺小,人生是如此的短暂,一生只为做一件事,多少人能坚持?但她做到了。

朱荣芬:Tina,成都女孩,从她身上我看到了四川女孩的美丽和勇敢,不仅是外在,更是内心深处那种活得通透的美,每次到上海时是她的陪伴、热情给予我温暖和自在。

源于笃定,安于刚刚好

周绍琼①

经常有老友问我:"老周,你还在新生活公司吗?"

① 周绍琼,新生活公司创始人之一。

我说，在的。

是啊，在的。简简单单两个字，却浓缩了一个人 20 年的人生历程，折射了新生活 20 年的酸甜苦辣。

20 年，一直在，是因为相信。相信的背后，是因为新生活值得相信。

新生活是一家有理想的公司，就是成为后勤服务大管家、百姓生活的小管家，通过持续努力的优质服务，改进社会服务品质，致力于做城市文明建设者，提升全体员工的幸福感。

这是公司的愿景和使命，也是公司创始团队的初心。

这份初心，就是新生活发展道路的路标和方向。尽管 20 年的道路曲折蜿蜒，却始终没有偏离初心，没有失去方向，而是一直朝着目标往前走。

新生活的创建者们相信，服务于大众，服务于社会，服务于时代的事业，永远不会消失，反而会在岁月的打磨之后，越来越锃亮美丽。

这是一种自信，一种道路自信，永远相信这个道路是正确的选择，从不怀疑，从不动摇。

这也是创始人的共识，对目标和愿景的共识，对信念和价值观的共识。

创业的路上有许多风景和诱惑，新生活也曾数次尝试新的领域，都没有得到期待的结果，所以一次次还是回到自己的航道上来。

试错往往不是坏事，一次次的尝试，让新生活创业者越来越清醒，越来越坚定了对初心的自信，越来越统一了观念和观点。

创业伊始，创始团队就非常明白，后勤服务不是个赚大钱、赚快钱的行业，而是一项需要我们持之以恒、脚踏实地、长久付出的事业，是一项付出在先、回报在后的事业。唯利是图的人与之格格不入，急功近利的人对此不屑一顾，投机取巧的人早晚待不下去。只有那些充分理解这份使命感，并勇于承担社会责任的人，才能放下一己之私，投入到新生活事业之中，与新生活共同成长。

耐得住寂寞，经得起诱惑，是一种淡定，一份从容，一份理性。朱荣芬董事长一直教育公司创始人，一定要坚持长期主义，有长期艰苦奋斗的信念，以贡献者为本，以奋斗者为荣，让所有跟随新生活走下去的人，得到丰厚的回报。创始人必须秉持大局观和未来观，从未来看现在，做出不但有利于公司现在健康成长，更有利于公司走向未来的决定。唯其如此，新生活才能基业长青，创建百年品牌。

朱董事长原本是一个不轻易服输的人，对自己所认定的事情，有非同一般的坚持；对所有影响目标达成的事情，有死磕到底的精神。但是，在公司走向壮大的路上，朱董事长却变得很有耐心，愿意用20年的耕耘去开拓，用50年的奋斗去追求，用100年的耐心去打磨。在结果和过程当中，她和她所带领的创始团队，找到了平衡。企业的发展，有自身的发展规律，应当快慢有度，徐疾适中，脚步从容。伟大的目标，是由一点一滴的进步长期累积和沉淀下来的结果，而不是一蹴而就的突变。

是的，坚持长期主义，需要淡定从容，需要自信坚守。这是新生活创始人的信念，也是新生活公司的品格。这种品格，是新生活公司敢于提出"创建百年企业"这一口号的信心所在。

坚持长期主义，必须看淡一时的得失荣辱，摒弃一己的富贵荣华，用苦行僧般的决心和毅力，追求服务的极致，在严格的自我约束之中，成长，成长，再成长。

《礼记·中庸》有云：博学之，审问之，慎思之，明辨之，笃行之。笃定而行，方可行稳致远。

因为创始团队的笃定，新生活少了一分冲动和感性，多了几分成熟和理性，进行规范化运营管理，成功登陆新三板。

因为创始团队的笃定，新生活十分清楚企业的目标和使命，以终为始，环环相扣，正确处理好发展与稳定、传承与创新、速度与效率、规模与质量之间的辩证关系，确保公司健康平稳，创业 20 年持续增长。

世间之事，月满则亏，水满则溢，物极必反，企业如此，人生亦如此。一刹那的辉煌闪亮，不如恒久的熠熠生辉，更迷人，更舒心。

愿新生活百年之梦成真，愿我们一直相伴永远！

朱荣芬：新生活创始团队的笃定、靠谱、坚实、厚重和持久，给人以"一切都是最好的安排"的放心。老周跟随新生活走到今天，是我的忠实战友，我们的事业刚刚好如我们所想，他的人生刚刚好如他所愿，他所获得的，是一份刚刚好的安心。

人生使命，人性距离

王昆鹏[1]

2015 年 7 月 26 日，美国旧金山金门大桥，一如往常迎来世界各地的游客。一行华人面孔的到来，并没有引起多少人关注。然而，这十多人并不普通，他们是来自中国大陆的一群企业家，在正和岛商学院的组织下，一天前从北京集结出发，到达旧金山的第一站，就是金门大桥。虽然见面相识不过 20 个小时，大家却非常开心而亲近地一起自拍合影，就像多年的好友久别相聚。彼时，这些企业的当家人们并未意识到，未来 7 天的行程，可能改变甚至颠覆他们的认知，从而影响到他们经营的企业。

朱荣芬，就是其中一位。她在国内掌管着一家几千人的公司，为顾客提供家政、护工和餐饮等服务。这种非常依靠人工的服务行业，看起来与此行硅谷即将参访的各类科技企业以及"颠覆式创新"的主题差异很大，但是在荣芬心中，她希望看到更多可能性，对新生活公司发展提供更多价值。

后来的几天，我们徜徉在斯坦福校园，听知名教授讲课；我们流连于 Google、Facebook、HP 等企业园区，探寻创新的密码；我们沉浸于晚间私董会，深度剖析此间的困惑……荣芬在

---

① 王昆鹏，山东人，生于威海，求学青岛，一腔新闻人的热情，播撒在中国"入世"后十年的财经媒体中。

自己的学习笔记中，写下了这样的思考："走近 Facebook，仿佛进了大学校园和幸福家园……这儿充满着朝气、活力、自在和快乐，于我们的传统办公真是一种颠覆，对于我们来说更是引发思考，为什么他们能创造世界一流的企业？对企业间距离的思考，是实力的距离、思想的距离、还是人性的距离？"

2020 年春节，在那个疫情突发的特殊时间，我们在微信上互致问候，彼此鼓励，荣芬在留言中这样说道："这段时间很艰难，我们也有很多一线员工去了隔离病房，我却只能封闭在家给大家问候和鼓励。不过到后面，我也想通了，其实就是让自己身体保持健康，让家人过得好，然后把事业做好，对社会有一些贡献，这就是我们人生的追求。我觉得再难，心态比什么都重要。"

在最难的时候，荣芬恳请我借助一些渠道，为新生活公司的一线员工购买 5 万只口罩，从海外进口，价格连问都不问……

每个人，都有追求自己"新生活"的权利；

而荣芬，把更多人对"新生活"的追求，做成了自己的使命；

我很有幸，在荣芬的人生使命中，生活过，经历过，并相伴下去。

朱荣芬：新生活走过了 20 多年，有差不多近 10 年的正和岛缘。昆鹏富有激情、认真负责，并且有渊博的知识结构，通过游学日本让我认同正和岛的学习平台，也坚持在正和岛学习多年，持续给自己赋能，我在此不断地成长，成就了更好的自己和新生活。

只问耕耘，不问收获

刘湘怡[①]

不知不觉，我们已经相识 25 年了。我刚认识朱荣芬私下叫她"菲菲"，记得那是 2001 年 12 月的一个晚上，我刚从四川医院辞职来到广西柳州，朋友以寻找发展机会为由，把我约到了菲菲家分享经验。菲菲在台上分享得很独到，霎时，让我有一份深深的好奇和疑问：这个长发飘飘，笑容甜美，美貌的 20 多岁女孩，怎么可以那么轻松地做到蹲在地板上给每一家人擦洗地板的？她身上一股莫名的磁场深深地吸引了我。多年以后，我才明白这是婉容的真义：一个人唯有内心阳光，才可满面春风；唯有表现出超人的吸引力和磁场，方能给人不自禁想靠近的渴望，渐渐地，我发现她吸引了很多的人靠近。

工作上，我一路见证着新生活公司以 3 家人 5000 元起家，到现在成为拥有 6000 多员工的企业，她吸引了很多的耕耘者，也吸引了很多追随者和智者。我见证着她从经营一个家政公司

---

① 刘湘怡，四川西昌人，毕业于成都中药大学，23 年专研并传承掌纹医学与健康管理。

到经营新生活后勤公司，20年来，一路逆风飞扬！

当初那个蹲在地板上的年轻女孩，谁也不会想到她能把一家公司做到上市，她说怀大爱心做小事情，做人要脚踏实地，我能深深地感受到其中只问耕耘不问收获的力量！

生活上，我们一起在绍兴品茴香豆，梦怀江南，探寻乌镇，在重庆大峡谷避暑……我们一起欢歌笑语，拍美照，她对大自然那种纯真炙热的爱也深深地感染着我！

周末我们常常在一起聚餐、逛街，她对时尚着装打扮独特的审美一直影响着我们。

每一次到菲菲家吃饭，我看到的不仅是芳香四溢的香水百合、浪漫满屋的绿草花卉，还常常会看到不管是企业家还是普通工人，不管是博士还是小学生，不管是业界精英还是普通打工者……都可能成为她的座上宾。其中有她的发小、初中同学、高中同学、工作伙伴、同班同学等等，不同身份、不同年纪、不同地位的人，都可以被她吸引，总会在不经意间收获朋友的温暖！每一个来到她家的朋友都会寻到仿佛若自己家里的温暖。她把自己的家与朋友分享，每一次的高朋满座，不只是美食的享受，更是精神的盛宴，滋养着每一位朋友。我和朋友们喜欢她的原因可能便是和她在一起的自在舒适，以及每一次都能获得灵魂上的滋养和提升的充实感觉。

我觉得她所组织的每一场聚会都是一首《爱与认可》的交响曲，她从来没有想从朋友身上获取什么。这就是我体会到的：只问耕耘，不问收获，只是爱，不求回报。

当我每一次看到她坚持游泳、健步和健身，博览群书，种花养鱼，养狗养猫，沉浸在其中乐此不疲的时候，我几乎忘了她是一个带领 6000 多员工的企业家。根本无法与那种紧绷着神经、表情严肃的，刻板木讷只会工作不会生活的企业家联想在一起。她是如此充满生活的情趣，让人感觉她真的活成了一束光，不仅照亮了身边的人，也照亮了许多迷途的人。

最后于此，小赋一诗：

婉转悠扬芳华曲　　二十五年闺蜜情
容姿飒飒讲台立　　高朋循循满客宾
新吸故吐谏如流　　六千天使爱护宁
生生不息春常在　　落落大方护理情
活出真我活出心　　大爱心做小事情
刚柔并济巾帼色　　团结一心抗疫情
刚好来碗螺蛳粉　　婉容生活显真情
好天良辰由我护　　万家康乐因我宁

朱荣芬：她的使命是终生致力于掌纹医学的传承：用"爱"传播中华国粹，让老百姓读懂身体出现的报警信号，让每一个人把健康掌握在自己手心。她更加让我坚定知道了什么是爱——健康即爱。

日出有盼，日落有念，心有所期，忙而不茫

第三部分

每一步成长的脚步，其实就是刚刚好

也许让一个人走得更远的，不是幸运，而是心怀善意。不断地连接、链接是成长的过程，而始终相信善与爱的人，才有可能聚集能量，不断创新。

外离相为禅，内不乱为定

载于 2019 年清华大学—巴黎九大校友访谈录

生活中美丽、阳光、温婉、知性，工作上果敢、老练、坚毅、快速，学习上谦虚、认真、努力、严谨，集这些标签于一身的人就是朱荣芬，一位让人容易产生错觉的女性企业家。如果只看生活上的外表和谈吐，你很难想象这位美丽的"邻家姐姐"是一家企业的创始人和掌舵者，也判断不出她所处的行业是社会最基层的后勤服务业，而事实上，她的企业早已挂牌新三板，正以每年 40% 速度快速增长。

在事业高速发展的同时，朱荣芬始终保持清醒认识，思考公司可持续发展之路，在意识到仅靠学习已经不足以应对系统性和个性化的长远发展问题时，她毅然选择继续从事管理研究，试图寻找根植于"婉容新生活"公司文化背后的基因构成和影响关系。得益于导师张世贤教授的悉心指导，她以文化建构中的情感要素为切入点，呈现了一份杰出的研究成果，并在 2018 年底以"最高荣誉"评定收获巴黎九大高级工商管理博士头衔，更令人欣喜的是，这份研究成果又已经应用到她的企业中。

眼前的朱荣芬比起刚刚通过博士论文答辩的时候，又显得清减了些。看她的朋友圈，足迹遍布全球：在法国参加毕业访学，在非洲加蓬探秘陌生国度，在日本学习极致服务，在北极挑战极寒冰水，在一线鼓舞员工士气，在全国分公司指挥若定，在吉林看雾凇和滑雪，在青岛收获帆船赛冠军，在深山中闭关挑战辟谷，与家人共享天伦之乐，在巴黎九大课堂上分享研究经验……她把自己从很多琐事中抽离了出来，自由地体验丰饶的人生，在事业、家庭、生活和学习的平衡中游刃有余。

我们试图去挖掘她身上女性领导者的领导特质，却发现用这样一个标签去定义她实在是太过局限，她就是企业家，与其他从事不同事业的企业家毫无二致。

怀素抱朴——企业经营行纪

服务行业的起点一直都不算高，目之所及的服务人员年龄稍长、学历不高，调动她们的积极性，提高服务质量并不是件容易的事情，制定员工易懂的精细化操作流程才能提高服务的品质。谈及对于行业的印象，朱荣芬表示，从服务的本质出发，这个行业未来一定会走向行业化、细分化、专业化、智慧化、资本化和品牌化。

服务行业的劳动分类可能会发生变化，有的类型会被机器替代，但是服务永远不会被机器替代，只是取决于机器和人工谁完成得更好，人类对于服务的依赖由来已久，这一行只会发展不会消亡。选择用外卖软件点餐脱离了对店员的依赖，但催生了送餐员这个职业，也对送餐员的服务质量提出了要求。科技和生活必须紧密结合起来才能推动社会发展，而她心中的关注点，远远超出了标准化的工作流程与守则，上升到了人文关怀的层次。

服务行业从业人员是与客户直接打交道的，开心与否，写在脸上，从内而外的积极向上才能带给客户好的服务体验。朱荣芬认为，新生活公司和别的服务型企业最大的不同就是对员工精神面貌的塑造。过去16年来，她在"婉容新生活"企业文化建设上付诸了最大精力，身体力行，鞠躬尽瘁，以实际行动影响和带动员工，持续开展培训和教育活动，使"爱与成长"和"怀大爱心做小事情"的理念深入人心。她在公司提出了"文化引领、品质驱动、创新发展"的主题，致力于做城市文明的建设者，努力实现提高员工幸福指数的梦想。

功成身退是很多中国企业家难以达到的状态，公司治理结构往往需要很长时间才能厘清。朱荣芬却对自己的角色日渐明晰，随着时间的推移，公司管理层已经能够熟练管理具体业务，而她也能够慢慢实现自己在企业中角色的转变，更多去关注公司文化、员工成长，这也是她从事服务业的初心。朱荣芬感言，新生活公司做了16年，从最开始的小公司做到业务覆盖到全国，如今虽然她在具体事务上操心得越来越少，但公司仍然蓬勃发展，这和"人文关怀"上的"不忘初心"息息相关。

内不乱为定——企业家学者

朱荣芬常常挂在嘴上的一句话是："我崇尚的是阳光心态、婉容人生。有深爱必生和气，有和气必生愉色，有愉色必生婉容！"这是她经营企业、对待员工和服务客户的初心，是她内心的执着，这也在她心底深深埋下了一颗"研究"的种子，使她在研究选题上变得轻松了。

在朱荣芬看来，管理实践是碎片化的，而管理理论是系统性的，是具有严谨的内在逻辑关系的，是需要刨根问底、追本溯源、融贯中西、创新突破和总结提炼的。来源于实践又要回归实践，从企业家到研究者，首先要做的是"心态归零"，要有敬畏感，不要过分依赖经验，不要过于自信，要有理有据，尊重事实证据，要讲求科学实证精神。

而在写论文过程中，最重要的就是"信念"，无论遇到多大的挑战，都要有信心，相信能够对抗应付，总能过去的。浩如烟海的文献海洋对每一个研究者都是挑战，跟导师不断沟通、反复质疑、论证观点，她每一步都走得很踏实。

谈及未来的人生，朱荣芬想把更多的时间花在学校和课堂上，她自信博士研究中的理论模型是能够推及到其他企业中的，毕竟她已经在自己的企业里践行了这个模型。她兴奋地又和我们谈起"6个1"点数银行：爱（每日1微笑，每日1善事，每日1赞美）和成长（每日1反省，每日1分享，每日1进步），每个员工都会从自己的日常出发，去整理日常习惯，并且培养自己的爱心去成长。她有一个愿望，在国内服务行业的企业中推广情感要素对企业绩效的影响模型，不断验证，在一年到两年的时间里，看到其他服务型企业的改变。

返璞归真——自在生活

关于时间分配，她十年前就已经想得明明白白，三分之一给家人和朋友，三分之一给事业，三分之一给自己。有一心扑在事业上，事业就是生命的企业家，有精致优雅的贵妇人，有充满母性光辉的全职妈妈，这些在她看来都只是人生片段，至关重要，缺一不可。没有事业，在想爱别人的时候少了底气，想爱自己的时候没了资粮；只有家庭，容易在日复一日的琐事中迷失自己；而活着如果只爱自己，少了对社会、对他人的责任，也不算是完整的个体。

每年定期游学，带着女儿看山下水，体验人生。言传是很好，身教也是必不可少的。从来不在琐事上浪费时间，她觉得时间应该放在值得的地方。

外离相为禅，内不乱为定。朱荣芬常说一句话：一个人的成熟，在思想里；一个人的天真，在眼神里。她追求人生高度和自由度的和谐统一，而你很难用性别、年龄去定义她，因为她整个人都是自在从容的。

刚刚好 你在

读书 运动 新生活，会玩 会学 会干活

持续学习——商学结合

2018年4月22日写于在清华参加完博士论文答辩

回想创办新生活之初，对新生活业务发展的最终走向，我其实也是一无所知的，也不知道如何做好这份事业。那时的我们虽然年轻无知无畏，但明白一个道理：只要不怕辛苦，愿意学习，相信自己是可以做好的，于是我们毅然开始了新生活事业，时间定格在2002年4月19日。

坚定了创业的决心，我们便为梦想实现开始了日复一日的辛苦劳作，在满足客户需求的同时，我们也在攒取微薄收入，积累创业人生的第一桶金。为了打造规范专业的公司，提升大家的文化素养与专业技能，我们开展了形式各样的专项培训和每月读书分享活动等。我们从理论到实践，从技能规范到心灵提升，反复宣导与训练，最终形成了新生活人"坚持认真做事、真诚做人"的素养塑造和行为习惯。

时间定格在2004年时，新生活事业逐渐向好而稳定，我们有了虽然不多但异常珍贵的第一桶金。此时的我，也逐渐明晰自己今后要走的路以及新生活要发展的方向——我要把这份来之不易的回报投入到继续教育学习中去，努力以己之力用知识的力量引领新生活走向更美好、能长青的未来，以回馈社会予以我们的厚待。

于是，我毫不犹豫走进清华大学，学习于我而言生涩不易的管理学课程。求知的过程困难重重，但怀揣一份少时求学梦的执念、一份对新知的渴望、一份对新生活的热爱，更有一份企业成长需要的重于泰山的责任，我坚持了 10 余年的学习之旅，至今，一刻也未曾停歇。

学习是破除故步自封的良药。在坚持求学的这 10 余年中，我在浩瀚书海中遨游，也在游历中看见广阔世界。我们勇敢"走出去"，参访中国乃至世界各地诸多的成功企业、优秀同行，通过与他们的交流学习我们汲取了许多宝贵经验，也学会了如何有效地反省、修正。

学习不仅是为了创新和改变，更是为了坚守我们的初心与价值观。通过学习和开眼界，我意识到新生活不能仅仅是一个做保洁、后勤、餐饮、护工和养老业务的公司，我们想要成就的梦想其实应该更加的宏伟。于是，我们提出了"致力于做城市文明的建设者，努力提升员工的幸福感"的使命；做"后勤服务大管家，百姓生活小管家"的愿景。为了实现我们的使命和愿景，我们需要更好地坚持新生活的精神、文化传承和持续创新。

穷人的孩子从小坚信"知识改变命运"，创业后，我们仍然相信"学习成就新生活"。6 年前，我随同学参访德国百年家族企业时，我再一次坚信了"商学结合"是企业未来发展的方向。在德国，"商学结合"已经成为企业经营的主要模式。也许有些企业的商业逻辑是"政商结合"，而我们更相信幸福是靠自己奋斗打拼出来的。

"梦想一定要有，万一实现了呢?"秉持这样一份坚定，我们仰望星空追寻梦想，不断奔走在求学路上。

2018年4月22日，我的博士论文答辩顺利通过并获得了"最高荣誉"，一直陪伴我的恩师张世贤教授也深为我高兴并给予了肯定鼓舞:"今天应该是你在学业上的顶峰了，值得高兴和庆祝，作为你的导师，我很自豪。"这句话一直言犹在耳激荡我心，这对于我来说不仅是实现了一个目标，更重要的是让我看到了在继续教育的路上，我个人和新生活事业一起成长的16年，不论付出多少的艰辛，都是有价值回报和巨大收获的，也让我更坚信"学习可以改变命运，更能成就新生活"!

通过对新生活案例研究的学习过程，我收获的不仅是坚信了"商学结合"创办企业、经营企业的可能性和发展性，更重要的是从诸多学者教授身上学到他们严谨的学术态度和精神，同时教会了我在学术上和经营企业上的求真务实、实事求是、追求科学性和规范性，不做伪证、伪命题的真实观，让我从思想上提升认知、逻辑思维，在态度上得到成长，我相信这些都会对企业未来和团队正向思维和价值观塑造有着深刻及深远的影响。

"商学结合"不只是对新生活，对行业文化进一步研究和理论结合实践的应用都会具有更加宽泛和长久的意义。我们相信，在新生活未来发展的路上，只要我们不断求知、不断学习，新生活必将会实现持续且高质量发展的愿景!

Lrmi 极致服务的故事

2019 年写于德国慕尼黑

旅行即修行，遇见更好的自己！Lrmi 让我知道什么叫极致服务，让我更好地理解了情感在服务中的价值。

坐落于德国法兰克福的哈赫梅尔霍夫（Haimerhof）酒店创立于 1763 年，距今已有 250 多年的历史。Lrmi，便是这家酒店的主人，她从她祖父的手中继承了家族事业，并将 Haimerhof 这个品牌发扬光大。

4 年前，我初访德国时便是在这儿落脚的，虽然只有短短几天的时间，但 Lrmi 却带给了我如家一般的温暖体验。离店时，她邀请我共进早餐，并赠送了我一份珍贵的离别礼物，当时我在她的留言簿上写道："Thank you！I will see you again."

4 年后，我重访德国，毫不犹豫地再次选择入住这家酒店。当我踏入酒店大堂时，Lrmi 赶紧迎面小跑过来，给了我一个热情有力的拥抱，随后接过我的行李直接带我来到房间，还是当年入住的那个房间，就如同回到自己家里一般。安排妥当后，我才发现自己都没有"check in"，急忙赶到酒店前台办理相关手续，还是原来入住时的价格，顿时感到一阵温暖。

站在大堂中间，我端详起酒店的每一个细节，无论是摆设还是风格，都没有改变，就连当初的那本留言簿上仍能找到我当年留下的话语，我感到很是欣慰与亲切。当然，还有我钟爱的德式早餐，味道和样式都和 4 年前一样，一切依旧。

每个早晨，Lrmi 都会满脸笑容地等待着我们来到餐厅，并和我们互道早安。她仍旧记得每个人的口味和喜好，并贴心地为我们准备"定制"早餐——煎鸡蛋、磨咖啡、做三明治……感觉她的精力永远都是那么充沛，总能不经意间感染到身边的人。有一天早餐时，我提出了向她学习煎鸡蛋的想法，她立马现场教学，手把手地教我如何做出美味的"德式煎鸡蛋"，此次教学效果极佳，经过她的耐心指导后，我很快就掌握了制作方法。

每个晚上，Lrmi 都会坚持在大堂里等待并迎接我们回来，并送上一个大大的拥抱和问候："Did you have a nice time today? Wish you a good night's sleep!"瞬间，我们身上的疲惫都会一扫而光，出门在外，知道始终有个人在为自己担心、守候，有一种被治愈的感觉。

她，时刻带给我惊喜和感动！因为她的贴心服务，我每天早餐时都舍不得浪费一丁点儿食物，离开房间时都会尽量收拾整洁，不愿留下任何凌乱，好像只有这样做才能配得上她对我们的用心和服务。

我多年来一直致力于研究情感要素在服务型企业的价值，曾经我一直以为日本服务业在这方面已做到了最好，但 Lrmi 和她的酒店让我感受到了什么才是极致的服务，即人文和人情结合的服务所产生的价值。相信在欧洲、在德国存在着很多类似

Haimerhof 一样的服务型企业和像 Lrmi 一样的经营者，值得我未来进一步去探寻、研究。

旅行即修行，只为遇见更好的世界和更好的自己！

如此幸运的存在

2022 年写于《行星》纪录片观后感

人类是如此幸运得以生存至今，而每个生命又是那么珍贵，拥有能存活下去的幸运。

一个人的成长在于认知边界的突破。所谓"突破"，不单是让自己去读一些难读的书、看一些难懂的电影，更重要的是让自己尝试去选择难走的路、做有挑战的事，总之有难度才会有进步，有进步才会有突破。

陈丹青曾在评论 15 世纪文艺复兴时期的画家时说道："这是我的偏见，美术史那份名单也是严重的偏见。是他们的偏见，鼓励我做了自己的选择。"我认为一个人在见识世界后形成主见的一种刚刚好的认知模式，也是一个人成长修行的道场，它不仅会影响我们的认知力和判断力，也会决定我们的格局、视野和胸怀。

尤其在观看了《行星》这部散发着科教浪漫气息的纪录片后，我不禁发出"我们是如此幸运"的感慨。我看到了地球和人类和谐共生的状态，认清了这种远距离的美丽、近距离的残酷，一切都是刚刚好的存在。太阳光给予地球的恩赐，对其他的行星来说却是灾难，我们庆幸有这样一个蓝色家园，才有我们的昨天、今天和明天。但这一切不是永恒不变的，太阳系有一天也会消耗殆尽，必将会给人类带来致命的毁灭。所以，珍惜当下，用博大的心胸与远大的眼光去看待世间万物，过好"刚刚好"的每一天。

这部影片看到最后让我肃然起敬，就如此片影评所说："我认为把注意力完全放在地球这个宇宙尘埃上是莫大的错误——我们人类决定蜷缩在太阳系的一个小角落里，对我们所做的事情迷惑不解，这将意味着我们人类决定为了越来越珍贵的资源而相互争斗，把自己限制在一层薄薄的大气之下、渺小的岩石之上，而不是去探索那条由夜晚星光勾勒出的立体路径。"

阳光、天空、陆地、河流、森林……人类常常以为我们肉眼可见的影像就是整个世界，却没有意识到我们看到的只是一个被黑暗和未知包裹着的巨大星球里透出的一点点光。曾经我以为我了解的这个世界就是整个世界，但这部纪录片却颠覆了我对"世界"的认知和定义，我甚至开始怀疑"世界"是否存在。我突然觉得，人类是如此幸运得以生存至今，而每个生命又是那么珍贵，拥有能存活下去的幸运。

刚刚好 你在，珍惜彼此，过好当下。

刚刚好的我

2022 年写于南宁

　　最佳的人生姿态就是仰望星空与脚踏实地的统一，在理想和现实之间奋斗，我始终坚守着这一人生方向和行为准则，或许这就是生命的意义和价值。

　　40 多年的人生路上，数不清楚多少次，我站在不同的星空下数着星星，踩在不同的土地上丈量着实地，生命就在这一次次的探索和思考中变化、升华、成长。虽然我不知道自己在追求什么，但我知道方向在哪里——那就是远方；我也不知道自己应该得到什么，但我知道生命需要有意义、有价值。

　　人生要追求喜悦，就要活得有意义。有意义的人生来自你的选择，坚持选择能够为你的生命指明方向，而择善执着则让你的喜悦长久深厚。在这个过程中你会发现，就算艰苦也喜悦，因为你能够坚持，就算挫败也喜悦，因为你没有放弃。我的选择就是以择善向上的婉容人生为人生信念，秉承感恩之心，追求特蕾莎修女"怀大爱心做小事情"的婉容新生活事业。

　　人这一生未必要追求成功，但一定要成长和幸福，最重要的是过好刚刚好的人生。什么是刚刚好的人生？在我看来就是多元且平衡的满足感铸就的幸福体验，其实人生没有什么是绝对最重要的，所有的幸福感都来源于经历与努力过后的不留遗憾，这样的人生才是有意义的人生。所以，人的一生一定要去看最美丽的风景，还要去见有趣的人，也要去做有意义的事情。"人生幸福是什么？前半生扮演过和扮演好该扮演的角色，下半生只需要扮演你想扮演的角色。"上半生有责任，下半生有选择，不也恰恰是我的人生追求吗？

我自小就是个"不知天高地厚"的人，带着好奇、勇敢、创新的 DNA 探索着漫漫的人生旅途，我明白想要看到更广阔的世界，就必须推倒自我的高墙。

破除自我，做一个开阔的人，就像水流入大海，然后忘记自己。活着，是为了爱；若爱，生活处处都是可爱。过去的已永远停留在那儿，只有"新"是未知的、可改变的，这"新"绝非只是年月数字的更新，而是内心因爱创造的"新"、是发现的"新"。如鲁迅所言：真理永远存在，并无时间的限制，只因我们自己愚昧，闻道太迟，离发现的时候尚近，所以称他新。

我喜欢在每个美好的日子里给自己送一束鲜花，或为自己画一道海岸线。"创造源于爱，源于对美好的愿景，当你爱着，便看到对方千百种面貌，皆可爱，皆有新的存在。然后坚韧地走过一个又一个鸟声如洗的清晨。"

我是谁？是爱生活、爱学习、爱旅行、爱分享的芸芸众生之一，有别于其他，我始终追求并满足于"年轻、健康、刚刚好"的生活状态和理想生活。"刚刚好 你在"便是我们美好生活的分享品牌，也是这本书的书名。

我是谁？小时是你的邻家妹妹，大时是你的知心姐姐，老时是你的暖心妈妈，一生爱笑、爱阳光、爱自然，为爱而生，无爱不做！

这就是我！刚刚好的我！

"新生活20年" 荣辱与共不相离

摘自2022年"新生活20周年庆典晚会主题即兴演讲"

从未想过我作为重庆外来妹，能在广西这片热土上扎根生活26载，不仅完成了人生旅途的转变，也与志同道合的创始人们迎来了新生活创立20周年的庆典。风雨共济20载，我们不抛弃、不放弃，共同缔造了新生活"神话"。此后经年，我们依然会永葆初心不相负，荣辱与共不相离，再创新生活辉煌！

此时此刻，我真的很激动，这也许是我一生中最兴奋、最幸福、也是最有成就感的一刻！今天是一个特别的日子，也许是冥冥之中的注定，没想到新生活的"20岁生日"庆典竟然在5月20日这天举办。在这里，我代表新生活6000多名兄弟姐妹们向到场的嘉宾朋友和新生活家人们表示衷心感谢！

我真的很感动，坚持做好小事的新生活能得到大家的喜爱，我的坚持和坚韧也能得到大家的认可。新生活走过20年非常不容易，我特别感谢跟随新生活一路同甘共苦、风雨而来的所有朴实忠诚的伙伴们、兄弟姐妹们；一直理解认可、大力支持我们的所有客户们；还有给予我们指导帮扶的政府各界领导以及我身边真挚陪伴的朋友家人们，感谢你们！

作为重庆的外来妹，我到广西已有 26 年了，也和"新生活"一起成长了 20 年。20 年对一个人来说都不容易，何况一个企业，7300 多个奋斗的日子，新生活从两个人发展到 6000 多名员工，这是当时的我完全没有料想到的——我能在广西这片土地上生根、坚守 26 年，并能做出一点小小的事业为广西发展贡献一点绵薄力量。我非常感谢广西这座包容的城市以及所有相遇相识的广西朋友们，是这份珍贵的大爱，让新生活及我个人能取得今天的成就，谢谢你们！

回望 20 年，真的是很难，但是，我们很快乐！因为这是我们要坚定坚持的事业。20 年来，不断有人问我："你为什么要做这个行业？为什么你如此热爱你的新生活？"其实，现在回过来想想，我是在两位女性的影响下做出的坚定抉择。

第一位是我的母亲。我母亲从小失去双亲，也没有读书的机会，为了让我和弟弟能够接受教育，让我们整个家过上更好的生活，她吃苦耐劳，愿意去做很多辛苦的工作。她教导我们要做一棵小草，因为小草在哪里都可以生长，所以我从小就给自己取小名为"小草"。母亲善良坚强、不惧困难的品质让我看到了只要脚踏实地做好小事，努力生活就会有美好回报的希望。在这份信念的支撑下，当时我们以家政服务创办了新生活。当时，很多人听到我们说"新生活就是做后勤，扫地的"，都认为这是一个卑微的工作，对我们投身这个行业表示不理解，看不起更不看好它的前景。但是，我一直坚信，这个世界总要有人去做小事，坚持做好小事也一定能有大成就。

　　每当看见新生活的员工姐妹们时，我就仿佛看见了母亲当年的身影，她们就像是我母亲的无数个化身，身处社会底层却在平凡岗位上倾尽全力。"没有文化不能读书，难道就没有尊严了吗？"是母亲给予我的这份信念，让我逐渐明晰了创办新生活的使命。我爱这些平凡的员工们，我要她们自信阳光起来！我要她们受到尊重！我要让她们知道作为保洁员也是有价值的！坚持做好小事，人生也可以有大成功！

　　第二位影响我的是特蕾莎修女。2005 年，我有幸读了修女的《怀大爱心做小事情》箴言录，深受触动，特别是修女这句"我们常常无法做伟大的事，但我们可以用伟大的爱去做一些小事。活着，就是为了爱"，不仅让我彻悟了"星星"的深邃之意（女儿的小名正好也叫星星），也感受到如果我们用爱仰望星空后所见皆不凡。而更令我感同身受的是，"有爱，也能把人生的每件小事做好"这份厚重的精神力量。此后，我们将"怀大爱心，做小事情"精神文化变成新生活发展的核心价值，它犹如一座航标，引领我们奋勇向前，让我们更坚定信念和希望，要将这份事业坚持下去！

　　今天，新生活从 20 年前的两个人、5000 元起家走到如今6000 名员工的规模，且在疫情特殊形势下，迎来 20 周年庆典，有这么多客户嘉宾、员工朋友坐在这里共同欢庆，这就是对我们新生活人砥砺 20 年最好的回报，也是我们"相信，相信的力量"，更是我们"坚持做好每件小事"的价值体现！

"梅花香自苦寒来"，对我而言，苦中作乐亦最美。新生活艰辛又幸运成长的 20 年，虽然辛苦但非常值得。可是过去已过，未来已来，新生活"过去的"20 年，在今天要按下保存键了，因为我们要重新开启下一个 20 年的启动键，我们要昂首阔步、意气风发迈进崭新的、将来的 20 年！

我们感恩，新生活的过去与现在都承载了社会各界给予我们的照拂关爱，未来，更是被寄予厚望。"雄关漫道真如铁，而今迈步从头越"，我们只有不断迭代升级新生活品牌价值，承担更多社会责任，才能更昂扬自信迎战未来，回报社会各界厚爱。所以，我们借着今晚这珍贵难得的纪念日，隆重发布新生活"爱护宁"照护品牌！

"爱护宁"照护品牌是继 2015 年创立"刚刚好 你在"新生活子品牌之后，于 2019 年诞生的新生活第二个子品牌，它就像我们个人与新生活的成长。刚创业的前 5 年、10 年，新生活像一个孩子，需要不断汲取营养茁壮长大。此后，为了让命运更好，就要不断改变，加强自信与能力，不断强大。于是，我们的"刚刚好 你在"子品牌诞生了，希望能与大家分享新生活专属的一份小美好、小收获和小确幸。而当我们逐渐成长，就要懂感恩、要承担更多的责任、要回报，于是，"爱护宁"照护品牌顺应而生，它代表着新生活 20 年的成长与成熟。

百舸争流，奋楫者先。新生活会顺应时代变革与社会需要，扬帆新赛道，投身于"老有所养弱有所扶"，关怀照顾生命健康的新事业中，我们会秉承责任、不负所托，信心满怀奏响新生活大爱小事"爱护宁——您需要，我就在!"的高歌。我们相信，在社会各界戮力同心、携手相持下，社会正能量会越来越多，生活也会越来越美好、幸福!

最后，说一下我的梦想。虽然在新生活，大家都说我是一个爱做梦的人，可是在所有坚持大爱小事的新生活人的支持下，我的梦，都逐一实现了。

还记得，新生活的10周年庆典是在柳州市最高规格的艺术剧院举办的，当时我说"如果新生活还能走10年，我一定会尽最大全力带领大家到广西最高的艺术殿堂举办20周年庆典。我们要为一直关心支持新生活的客户朋友、家人员工们呈现一台自编自导的盛大晚会，以回馈、感恩大家的厚爱"。没想到，我们能在今天5月20日这个特别的日子里做到了，那今晚，我就大胆再做一场梦。

我相信、我承诺，新生活还有下一个10年，我会将新生活30周年庆典带到全国最高的艺术殿堂，为爱和希望而献演欢唱!我还期望，新生活能走到40周年的庆典，到那时，它能成为一个国际品牌，我一定会竭尽全力，带领新生活品牌走向世界，我们能去金色维也纳大厅，奏响新生活"爱与成长"的华章，实现长青新生活的梦想!

虽然，梦想是美好的，现实是残酷的。但只要我们有激情，岁月就不会老；我们心怀梦想，奋斗就不会停!我坚信，全体新生活人坚持大爱小事，笃行不怠、奋斗不息，新生活事业一定可以长青!今晚，我心怀此梦，向在座的每位来宾发出衷心邀请，当我们在金色维也纳大厅奏响新生活 40 周年庆典《相伴永远》的音乐时，希望你们每位都依然在场！

再次感谢大家！

中国人的幸福叫和谐

2020 年写于重庆

"和谐"一词充满了理性、智慧、情感和信念，它避免了斗争和矛盾，使人们的身心愉悦，最终让人们感到幸福。

"和谐"一词在中国历史上早已有之，但是真正让我重视这个词还是 2004 年 9 月 19 日，我仍然清晰地记得那是党的十六届四中全会，我们党提出了"构建社会主义和谐社会"的概念，从此以后，"和谐"这个词就深深地印在了我的脑海当中。

从 2004 年开始，我就一直在思考，作为红旗下长大的孩子，如何能够为和谐社会贡献自己的力量？那时我 29 岁，正是活力迸发的年纪，新生活只有两岁，是冉冉升起的希望。

从哲学上看，"和谐"体现出的是一种矛盾的同一性或统一性，我认为用通俗一点的语言来说，和谐发展是中国人民在发展过程中所探求出的一条共同生存发展的智慧之路，旨在创造更加美好的幸福生活，这就是和谐的本质。

2004 年到现在过去 16 年了，回首这 16 年，我从未停止过对"和谐"与"幸福"关系的思考。我们中国人为什么一直在追求和谐，新生活又怎样实现内部的和谐？

时间比较久远，我记不清是 2005 年的哪个时候，只记得是秋风渐起的时节，我偶然问了公司的一位基层工作人员，什么是幸福？她告诉我，虽然读书不多，做的也是一些基础体力工作，但是她感觉到工作和家庭和谐，生活有期盼，这就是她眼中的幸福。

是啊，这是多么朴素的回答，我们中国人的幸福不正是和谐吗，不正是生活有盼头吗？她的一句话令我茅塞顿开，我一直想为和谐社会贡献力量，但是殊不知，我已经在这么做了。

新生活初创的几年，我们和基层工作人员的关系很近，有时我们一起吃饭，一起聊天，需要帮助的时候我们就一起做，那时公司的管理充分彰显了"和谐"的真谛，工作虽然辛苦，但是我们却很幸福，一切的一切都是刚刚好。

回顾新生活发展的这些年，有很多例子"刚刚好"契合了"和谐"之道，刚刚好我们创立了爱心基金用来关爱全体职工；刚刚好我们坚持倾听员工的心声，发自内心地对员工表示赞扬；又刚刚好我们都学会了感恩员工，在公司上下形成了充满关爱的管理模式。新生活努力让更多的员工在充满关爱的管理模式下工作，使他们在和谐的氛围中实现自己的价值，最终不仅能在物质上得到收获，还能够实现精神上的满足，或许这就是新生活能够凝心聚力，连续 20 年保持发展势头的奥妙所在。

丹麦人的 HYGGE

2015 年写于南宁

常怀感恩之心是人间大爱的表现，在生活格调方面，HYGGE 的生活格调与婉容生活所倡导的理念有异曲同工之处。

HYGGE 一词发祥于北欧的丹麦，意为舒适自在、无拘无束的快乐生活，追求一种愉悦的生活格调。近年来，欧美发达国家将目光聚焦到 HYGGE 这个词，并且掀起了一股 HYGGE 生活热。

HYGGE 文化对丹麦的渗透十分彻底，这种文化使丹麦居民的幸福感极高。我在丹麦进行游学时也尝试着融入 HYGGE 氛围当中。我发现丹麦居民在日常生活中主要将 HYGGE 文化渗透到了以下几个方面：

重视家人以及和亲朋好友的欢聚时刻。虽然说工作十分重要，但是他们更加重视家庭欢聚或者和友人相聚的机会，在工作之余，更多的时间是花在和家人、友人身上。他们也会将 HYGGE 一词作为口头语，我和丹麦友人交流时，他们会经常和我说"要不要一起 HYGGE 一下""我正在和某某 HYGGE"等。一说起 HYGGE，就知道丹麦友人正在和家人或者朋友做着开心愉快的事情。

工作能按时下班，会尽量按时下班，实在做不完的也不会轻易放到晚上加班。我的丹麦友人会在上班时刻全心全意地投入，尽量以极高的效率在工作时间完成既定任务，到了下班时间就会把精力放回到家庭当中，绝对不会让工作干扰和家庭、友人的欢聚时刻。这就要求我的丹麦友人要在闲暇之余花一些精力去不断加强学习，提升自己的本领，如此才能够适应工作强度，提高工作效率，不至于被繁忙的工作所困扰。

我的丹麦友人告诉我，他们感恩一切美好，感恩家庭给予的温暖，感恩友人给予的帮助，感恩出现在他们生命中的所有人和事。就比如我将管理新生活时总结的一些经验告诉了丹麦友人，他们会对此有感恩之情，并不仅仅是我们平时所说的感谢，而是将之上升到了恩情的地步。他们打心底地感念恩惠，妻子感恩丈夫辛勤工作，丈夫感恩妻子勤俭持家，这样一来人与人之间的关系就显得更加融洽，自己和家人朋友也会感到幸福。

当然，我们每个人对幸福的定义不一样，追求幸福的标准也就不一样，但是重视家人和亲朋好友，我认为这在全世界都是相同的。

世界那么大，刚刚好遇见你

日本人选择 Wabi-sabi

2017 年写于日本游学

Wabi-sabi 所倡导的是一种朴素和禅境，它将人与自然融为一体，做到返璞归真，追求清新寡欲，超脱于世俗，不被外界物质所干扰，这种境界并不是能够轻易达到的。

Wabi-sabi 描绘的是一种残缺之美，残缺也可以看作不完善、不圆满、不完整，传承至今也有人认为其具有朴素、谦逊、寂静、自然等寓意。这种残缺之美往往被用在审美理念上，是审美的范畴之一，但是现今已经有很多人将其当作生存的一种方式。

在我看来，Wabi-sabi 是日本传统文化中独特的生活标志，许多人都没有听过这个词，在日文里是侘（wabi）寂（sabi）的意思，通俗来说就是"禅寂"。我们无法直接用语言描述出这个词的含义，可以说这个词描绘的是一种境界，是一种人生体会，甚至许多日本人自己也无法清晰地用语言表达出 Wabi-sabi 到底是什么。

就像我们中国所说的含蓄之美，字典中能够找到含蓄这个词，但是当我们用心去体会和感悟这个词时，我们却很难说得清楚到底什么是含蓄之美。

我在日本游学时曾经与一个追求 Wabi-sabi 境界的僧人聊了

起来，我问他，假如我在森林中修了一座茅草屋，并且长期隐居于此，那么我是不是就能够达到这个境界，这是不是返璞归真的一种表现？

僧人摇了摇头并没有回答我，反而是问了我几个问题：第一个问题是"你觉得是森林需要茅草屋，还是茅草屋需要森林？"第二个问题是"你会在森林里做什么？"第三个问题是"你觉得什么样的年龄才能达到这种境界？"

我试着回答这三个问题，"Wabi-sabi 的境界并不会因为外界的因素发生变化，只要我的思想境界能达到，无论是海边还是深山，不管是茅草屋还是别墅，我都可以进入到这种境界。""每日修养自身，陶冶情操。""或许只有经历过璀璨人生阅历的人才能达到这种境界。"

僧人告诉我，第一个问题他和我的观点相同，所以在他眼中，我已经踏入了他所认为的第一重境界。

但是对于第二个问题，僧人追问我："你已经和你企业所有的员工产生了羁绊，待在这里的你自认为是否能达到这样的境界？"对此我沉默了，我确实没有办法割舍与新生活伙伴们的联系。

对于第三个问题，僧人笑笑说："这个境界哪个年龄阶段的人都可以达到，关键在于我们想清楚了自己要什么，追求什么，为什么而活，找到自己生命的真谛。生活和活着是两种状态，有的人是在生活，但是更多的人仅仅只是活着。这种境界就是一种以不圆满为圆满，以残缺为美，以知足为乐的境界，做到谦逊、笃行、简朴，与自然和谐共生。"

离开前我问了僧人，他有没有见到过达到这种境界的人？

僧人只是笑了笑。

瑞典人的"Lagom"

2018 年写于北极路上

当下全球疫情肆虐，我们一方面要拥抱各种更"有度"的生活；另一方面要对疫情保持应有的警觉，正所谓张弛有度，这是我们当下该有的生活韵律。

在和丹麦友人讨论了 HYGGE 之后，我在众多场合都提倡这种生活方式，我的瑞典友人知道这件事后便向我推荐了他们的生活理念"Lagom"——一种瑞典人的"有度"生活观。

初识"Lagom"这个词，我还特地在网上查了一下，这个词意为"刚刚好""恰好""恰当""不多不少"等，这与本书《刚刚好 你在》有着相互呼应之妙，这引起了我的兴趣，于是便和瑞典友人深入交流了起来。

约定俗成地，我们一般将"Lagom"生活翻译成"有度"生活，瑞典居民认为生活只要刚刚好就是最合适的，不需要多也不要少，从衣食住行方面都要保持"有度"，例如，在饮食方面，他们不追求过度烹饪和调味品，简单充实健康便好。

在谈及消费时，瑞典友人告诉我，虽然瑞典是一个发达国家，消费水平也比较高，但是他们在购物时不会铺张浪费，他们只会买自己需要的，重质不重量，只要品质好，价格稍微贵一些也能够接受，但是大多数人是不会过多追求奢侈品的，太便宜或者太贵都不能够令他们满意，价格"刚刚好""不多不少"才是他们的最爱，从某种角度看，瑞典的"有度"生活与我们的中庸之道有一些相似。

在日常生活中，瑞典居民喜欢到乡间度假，因为他们认为保护生态环境是自己的责任，对大自然的索取也要适度，甚至将"自然通行权"写进宪法里，因此一到休息日他们便会一家人走进大自然，到乡间地头度假，一起享受大自然，将工作中积累的负能量释放出来，以便于接下来更好地工作。

对瑞典人而言，工作也要"有度"，工作是生命的重要组成部分，但是不是唯一、不是全部，因此他们会想方设法地改革组织机构，持续提高人均效率，从而使工作变得更加轻松。或许也正是因为这种生活和工作态度，瑞典人获得了很多诺贝尔奖，也创造了许多诸如"宜家"等符合世界各国人民生活需要的知名品牌。

在我看来瑞典的"有度"生活是现阶段世界各国人民都需要的生活态度，尤其是随着新冠肺炎疫情的蔓延，可持续的生活方式显得更加重要。

万物之美，在于心见

写于 2022 年

陈年喜在《苦难是天上的星月》中写道："作为徒劳者，奔跑在徒劳的事物之间，努力而认真。其实人的奔波不过是黑发追赶白发的过程，我们想想，为什么不是徒劳呢。"是啊，终其一生，我们都在为心灵寻找一处栖息地，远行的人满怀憧憬奔赴异乡追求梦想，归途的人渴望回到故里重拾幸福，只要心中有爱，任何选择都无错。因此"不忧不惧"成为我心之向往的生命状态，同时也是一种开阔人生、无畏前行的人生态度。从此，我不再被生活推着走，过上了"日出而作，日落而息""随遇而安，随处有乐"的慢生活。

我把这样的人生态度融入生活、工作、学习的每个角落，有了自己坚守的生活态度（健康生活）和人生信仰（特蕾莎修女"活着就是为了爱"），"读书、运动、新生活"便成为我的必需，融汇于我的日常生活中，既切实可行，又简单有效，只需热爱便可朴素前行。

一年四季，一日三餐，生活就这样不断轮回，直到我们生命的终结。既然最终的宿命都是一样，那我们何不去发现四季的美好、感知三餐的丰盛，把生活过得有滋有味呢？

四季

春天，破晓时最好。渐渐发白的山顶，有点亮了起来，紫色的云彩微细地横在那里，很有意思。

夏天，夜里最好。有月亮的时候，自然不必多说；暗夜中，闪着微光的萤火虫在田野里穿梭，也是趣味十足；即便是下雨天，仍然蕴藏着无限的快乐。

秋天，傍晚最好。夕阳浸润了整片天空，逐渐蔓延到山边，此时乌鸦归巢而去，三三两两，安然自得地挥动着翅膀，慢慢离去；偶尔可见大雁排成"一"字或"人"字形队伍迁徙，越来越远、越来越小；日落以后，风的呼声、虫的鸣声响彻山谷，一切一切，美好祥和。

冬天，早晨最好。尤其是雪落时，孩子们用小手托起六角形的雪花片，那画面实在是太美好了；有时只看到一层薄薄的霜降伴着凛冽的寒风，一家人只能聚在房子里，生起炭火，围坐一圈，抵御冬天的寒冷，感受家的温暖。

三餐

厨房的温度，在很大程度上决定一个家的温度。世间所有的情分，不管是父母子女，还是兄弟姐妹，都藏在一日三餐中。待到为人父母时，我们便知道怎样将那小小的身躯养成强健筋骨；待到父母老去时，我们也渐懂得怎样用饮食来抚慰他们的日暮残年。

美好的人生，从好好吃饭开始，好好吃饭，就是对家人对自己最诚挚的爱。你有没有一种遗憾，春去秋来，花谢花开，曾经你以为永不会忘记的美好，也经不起岁月冲刷，正慢慢变淡。四时流转间，有太多美好的故事，我们想记住，只是时间，由不得我们。

"春有百花秋有月，夏有凉风冬有雪"，人间好时节，全甘愿为它停留。这就是生活，眼前、当下、喜爱、珍惜！一切在于看见，更在于心见！

爱与时间

写于 2022 年

"时间可以吞噬一切，但它丝毫不能减少的是你伟大的思想，你的幽默，你的善良，还有你的勇气。"

——摘自《小妇人》

《小妇人》是由美国女作家路易莎·梅·奥尔科特创作的长篇小说，在我创业初期时有幸读到此书。那时的我刚刚 20 岁出头，不知天高地厚，即便对整个复杂的社会一知半解，心气却仍很高。但是在读完这本书后，我开始静下心来思考我人生中的第一道哲学难题——时间是什么？对于不同的人而言时间的意义不尽相同，它或许是你的朋友，抑或是你的伴侣，但唯有一点对于任何人来说都是确定的，那就是时间是世界上最伟大的存在。

那时的我虽然年纪尚轻，但是对时间的重要性却有着超乎年龄的认知，如何管理时间成为我每天的必修课。我们每年、每月、每天、每时要面对的人和事不计其数，所以我们要学会与时间相处，与之成为朋友，才能尽可能地处理好每个时刻发生的每件事、面对的每个人。尽管那时的我对很多事情都很迷茫，但是我自始至终都坚定着自己的初心，唯有时间能够陪伴和证明。

15年后，我在接受2019年巴黎九大校友访谈时，脱口道："关于时间分配，我10多年前就已经想得明明白白，三分之一给家人和朋友，三分之一给事业，三分之一给自己学习成长。在我身边的女性中，有一心扑在事业上，视事业如生命的企业家；也有只爱自己，把自己过得精致优雅的贵妇人；当然还有一切以家庭为中心，充满母性光辉的全职妈妈。但这些在我看来都只是人生片段，至关重要，但并非不可或缺。如果一个女子没有事业、没有成长，唯有家庭，在想爱别人的时候少了底气，想爱自己的时候没了资粮，就容易在日复一日的琐事中迷失自己；而活着如果只爱自己，不懂得爱别人，少了对社会、对他人的责任，也不算是完整的个体，只是一个自私的人，活得没有意思。"

再次忆到当初自己的话语，感慨万分。每个人的今天都是昨天选择的结果，每个人的明天也是今天坚持的终局，无论选择什么、坚持什么，都源自根植于心的初心初念。那一刻我悟到了坚持初心的安然，人生没有好走的路，但每走一步都要算数；人生没有标准答案，但每一个结果都要坦然接受。无论走过了怎样的路、得到了怎样的答案，我还是原来的那个我，那个被称为"自己"的我，那个我最喜欢的"自己"。所以，时间最伟大！

时间是什么？是爱。心伴着爱走，爱随着时间淌，最终时间将爱聚成涓涓细流，汇流入心。我一直坚信没有时间是因为没有心，没有心也就没有爱，所以我始终坚持这一因果论——无爱的行事注定不会有好的结果。爱是我们离开时唯一能够带走的东西，它使死亡变得如此从容。所以，当我们活着时，需要用时间去爱着点什么才好。

在流散时代，我们每个人都变成了一座座小小的城市，一卷卷若隐若现的胶卷底片，时间和时间交缠，记忆和记忆相融。每个人的身后都还有很长的影子，是一座城市、一段故事，是无法数清的分分秒秒、时时刻刻。这也是我们和城市的关系，更是关于时间的故事。

路易斯·塞尔努达曾写道："我相信生命，我相信尚未认识的你，我相信我自己；因为终有一天我会成为所有我爱的东西：空气、流水、植物和那个少年。"——致忠于初心的每个人。

有深爱必生和气，有和气必生愉色，有愉色必生婉容

行走北极

写于 2018 年

每次旅行结束，就又回到原点。而追忆，才是最远最长的旅行，不只是途中的吉光片羽、异乡的晨昏薄曦，还有这即将逝去的过往，一段无比细碎而又真真切切的光阴。无论徜徉在北极初春的草甸上，还是淹没在冰天雪地中，在这行色匆匆的路上，那份浪迹天涯的情怀，饱含了对内心力量的珍视，对细微事物的怀念，对自然山河的赞美与感动，对漂泊灵魂的宽容和慰藉。人生总要有一些绝远的旅行，或触及灵魂，或记忆深藏！

无论是旅行结束，还是再次开始，请告诉自己宽容和仁慈的重要，因为除了对事物美好的感恩与崇拜，除了对记忆的呵护与珍藏，那行走不止、追忆不息的内心又升起新的希望，这是时光的力量。谢谢时间，淘尽记忆，所有的一切都终将淡然而去，让离开的慢慢走远，让留下的依旧温暖！

行走北极让我最为难忘的就是又为人生挣得了一枚证书，游泳都不敢玩的我，今天在零下 10 几度的北极，我居然敢毫不犹豫地跳了下去，哪来的勇气？最后没有被冻成冰块，这对我来说是做了生命中最勇敢的一件事了，来趟北极，没有留下遗憾。跳时和跳下去的感受是，站在岸边时，非常非常冷。在众目睽睽之下，没有回头路可走。唯有深呼吸，一闭眼，跳入大海！冰水如万把钢刀，齐刷刷地扎过来，全身就像摔入布满玻璃碴儿的罐笼。等到身体完全没入冰水后，直接麻木。没有冷的感觉，也没有疼痛的感觉，只有猛烈致命的麻木，我以为要死在这儿，求生本能让我猛地往回游，决不能超过 3 分钟，如超时，人体会急遽失温，性命堪忧。最佳策略是在水中浸泡少于 40 秒，以确保安全。

在这里，让我震惊的是世界上还有这么偏僻遥远的村子——伊地拉克，仅有 130 多人在此生活，造访他们的小岛，实在无法形容内心的感受，如果《甲方乙方》那个想体验生活的土豪被放到这里，恐怕想逃走都不那么容易吧。走进当地人家做客，主人热情招待我们，桌上有面包、白糖、饼干，我想这可能是他们最体面和豪华的招待了，环顾四周，闲聊中得知他们一家有六口人，父亲捕鱼，女儿在村上图书馆工作，如果生病，村里就有医院，我问她出去过吗，她说出去过，坐船去过 sisimuit（大城市）。所谓外面的世界，对于这个村子的人来说，太遥远了，即使了解，走出去也太难，那么就不要谈论太多，不要打搅别人的安宁和幸福。与世隔绝的地方，你愿意住下吗？

北极土著是因纽特人，意为"真正的人"。他们也被称爱斯基摩人，意思是"吃生肉的人"。历史上认为因纽特人的祖先来自亚洲，矮个子、黄皮肤、黑头发，这样的容貌特征证明了他们是地地道道的黄种人。在严寒的北极圈生活，起居饮食是一大难题，尽管来自亚洲，但由于长期生活在极地环境中，因纽特人同亚洲的黄种人已经有所不同。环境改变人，每天登岛遇到老乡，大家说的最多的一句就是，跟我们好像啊。

在行走北极的这些日子，在这冰天雪地里，大自然每天都带给我们全新的体验，无论是冰盖、冰川还是冰山……让我们每个人都成为探险家；无论飞机延误还是船上颠簸身体不适，无论遇到什么挑战与困难，我们都没有抱怨和牢骚，只有祈祷和关心彼此的阳光心态。旅行也是修行，发现更好的自己，来到北极挑战的不仅是我们的心跳，还有心态，更重要的是要有一个好身体和一颗勇者之心。

行走在多瑙河河畔的思考

写于 2019 年

坐在如此美丽如此幽静的湖边，想起了 4 年前的自己，也是一个人背着行囊徒步于瑞士的小山村、小河边，当时我就在想，世界如此美丽，我的梦想是希望用双脚去丈量去体会……

离开了德国，我们来到了奥地利。今天天气极好，我们沿着多瑙河岸一路行走，欣赏维也纳迷人的风光。有点乏了便坐在美丽幽静的河边，让心灵享受片刻的安宁。背着行囊，跋山涉水，用双脚去丈量土地、实现梦想，用心去感受世界的美好和人性的温暖。

或许是因为最近刚好读到培根随笔中关于嫉妒之心的内容，

我坐在河岸的台阶上凝望着蓝天，突然心生感触。人为何会有嫉妒之心呢？为什么不能以欣赏、赞佩之心去享受美好、汲取营养、择善而用呢？多数都是因为我们想要得到，却不得到，所以才会有嫉妒的心理。

我明白成长最直接的方法就是给自己树立榜样，榜样的力量何其强大，我们能从他们身上汲取成长所需的精神营养，从而提升自己！因此，我从懂事开始就学会去欣赏别人的才华、学习别人的长处，更喜欢与比自己优秀的人交朋友。我从不吝啬于赞美他们、感谢他们，因为他们的正能量感染和滋润着我，让我成为更好的自己，也因为他们的努力和奋斗，让自己成为别人的榜样，他们值得所有的赞誉！

但是，我也知道不是每个人都能以积极的心态去面对"比我优秀"这件事，一旦接受不了"比我优秀"的人，就会产生一种可怕的心理——嫉妒。美貌、才华、地位、财富甚至是运气，都能成为嫉妒的理由。如果不能改变自己的心态，任由嫉妒心滋生在心里的每一个角落，那你的理智迟早会被它控制，受到伤害的终是自己。

嫉妒别人，尤其是身边亲近的人，其实是最愚蠢、最狭隘的心理。唯有真心尊重、欣赏别人，我们才会交到挚友，并得到贵人的帮助。人这一辈子，不可能做到最完美、最出色，你会发现在这个世界上，永远都会存在比你更优秀的人，我们只能不断地进步、不断地成长，才能成为更好的自己。无嫉妒心之人才是自信的人，更是智者。接受、承认、欣赏和赞许别人优秀的同时，我们不仅会获得真诚的友谊，还能打开自己的格局和胸怀，换得仁爱及谦卑之心。

"羌内恕己以量人兮，各兴心而嫉妒。忽驰骛以追逐兮，非余心之所急。"让我们一起在旅行的路上，边走边成长。

《星巴克之父》读书心得
2023 年写于南宁飞上海的途中

当读到《星巴克之父》第二部分"星巴克的重塑和使命"时，我忍不住提笔写下我此刻的心得。霍华德先生亲手执笔，真诚、真实、真挚地记录了自己的心路历程，讲述了他是如何找到世人皆有的力量，并对他人产生积极、深远的影响。读到这里，我已经深深地被他的文字所打动，这是新年来继《人类善意》一书后，另一本带给我能量、指引我方向的图书。

有人说："朱朱，你最可爱的地方是容易满足，也容易走心和被触动。"其实说句心里话，我也不知道这算是优点还是特点。我很容易被世间真诚美好、善良、纯粹的人或事所感动，也很容易满足于一些小惊喜、小收获、小确幸。因为容易和他人产生情感上的连接，慢慢地，我眼中的世界不再是"现状"，而是"未来"。而这本书的中心思想也是如此——我们所有人，该如何为自己、为家人、为现存的世界打造一个更好的未来。

霍华德一生追求的生活是"单纯、坦诚、友好"，他认为这就是正常的生活状态。而他，却是从小在艰难中成长，父亲的无能和责任感的欠缺，使他从小生活在一个没有尊严、极度贫困的家庭中，但好在他有一个勤劳向上、有格局的母亲，给了他憧憬未来的信心。

他在"无能为力是改变的开始"章节中描述自己在10多岁时的无能为力，他写道："童年里，我有时会觉得很无助，我目睹了父母的情感创伤尤其如此……"

他在"如何穿越泥泞"章节中也深刻地总结了2008年星巴克的滑铁卢之年，那年他正好不再担任星巴克的CEO。他写道："在2007年时，我已经明显察觉到公司的滑坡，去店里的感觉尤其如此，咖啡豆新磨浓香几乎已经闻不到了。"

2008年，他重返CEO岗位。他意识到星巴克的衰落不是一步之差，同理，使其重回正轨需要诸多步骤，所以他把那个时期定义为"转型期"。为此，他又出了第二本书《一路向前》。

本书最打动我的人生信条和经营哲学是他从小没有得到人生应该有的美好，所以他要努力让员工、消费者、社会因他而拥有。

（1）工作的尊严必不可少，他要保证员工工作的尊严；

（2）生活生命的保障一定要有，让兼职的员工也享受到医疗保健福利；

（3）让员工有更好的生活事业追求，他提出了"咖啡豆股"，让更多基层员工实现美好生活的梦想；

（4）与顾客之间实现咖啡里的连接，成为人们的好邻居。

未完待续。

《爱护宁》的期待

2023 年写于重庆老家

很多事情和我们没有关系，但是当你有了颗创造奇迹的心，心是一座桥梁，就会把你带到一个全新的境界。

从未想过自 2002 年创办新生活以来，我至今仍会为了"她"而坚持阅读、写作，这一坚持就是 20 年。这份坚持也许不仅仅是因为自身热爱，更是知道"她"存在的价值和意义，想要通过研究和表达的方式让更多的人看到、了解、实践。在这 20 年的创业过程中，我们感同身受着患者的痛苦煎熬，也体会到病痛所导致的家庭分崩离析，所以，我们更明白无数病友和家庭所期待的奇迹。正因如此，我们始终坚持用爱去温暖患者，给予他们悉心的照护，为他们和他们的家庭点燃一盏盏充满希望的小桔灯。

《婉容新生活》的出版是为了展示公司创办 15 年以来关于情感价值学术上的一份成果，证明新生活人在创业路上始终坚信特蕾莎修女"怀大爱心做小事情"的精神和坚持"您需要，我就在"的行为理念是可行的，是有价值的。

《刚刚好 你在》的出版是为了纪念新生活成立 20 周年的美好故事，是一部新生活创始人和团队在这 20 年中如何在身边人的支持和赋能下成长起来的回忆录。这本"回忆录"不仅能帮助我们日后持续地、更好地服务于用户和社会，同时能让我们有机会对给予新生活及创始人爱和赋能的伙伴们表达感谢，更重要的是证明了"爱与成长"的价值观成就新生活梦想的可行性。越分享越拥有，越感恩越善良，每一个微笑都是有价值的。

时隔 20 年，一直倡导处于实、不处于华的新生活来到了"爱护宁"时代，企业也走向了成长发展阶段。现阶段我国社会的主要矛盾是人民日益增长的美好生活需要和不平衡不充分的发展之间的矛盾，尤其是老龄化社会的到来和当代中青年的奋斗内卷，都唤醒着人们对生活品质的追求。作为一家有着 20 年服务经验的企业，我们是走在行业前端的先行者，因此，我们更需要快速成长起来，承担起更重要的社会责任。

我所认为的做生意，就是让人们的生活更加有意义和美好。我们如果没有激情，没有眼睛向下、真正扎根于现实当中，就没有人生的基础。人生经历是一笔财富，它来源于幸福和快乐，而不是痛苦和悲伤，它不仅仅是索取和回报，更是付出后的满足和期待。在自己的世界里独善其身，在别人的世界里顺其自然。天空未留痕迹，鸟儿却已飞过。我们将始终怀大爱心做小事情，您需要，我就在！

虽然我们一直仰望星空，脚踏实地，很努力，坚持做得再好一点，但我们始终是不完美的。朱光潜说："我们所居的世界是最完美的，就因为它是最不完美的。"正因为世界不完美，我们才会生发希望，才能体味奋斗的快慰。因为有缺陷，一切的可能性才随之增大。

世界如此，人生亦如是。不完美的才是人，不完满的才是人生。人生如此，新生活如此，"爱护宁"更如此，接纳遗憾，相信爱，用爱创造奇迹，让我们一起追求更好的未来。2025年我们将站在用户、社会、政府的角度进行充分调研，分析"爱护宁"服务的价值和意义，谈论如何才能帮助到更多有需要的家庭、患者和老人们，将完成《爱护宁》出版。

新生活25周岁生日，敬请期待。

女儿毕业旅行小结

写于 2023 年 5 月 14 日

昨天还在为女儿庆祝生日，今天又迎来了母亲节，这也是我们此次欧洲之旅的最后一天。喜欢记录和分享的我在此做一个旅行小结，为喜欢旅行的朋友们提供些许思路的同时，也许在10年甚至20年后，这一点点美好的记忆能够给那时的我们带来—丝丝愉悦。

我一直认为生命本身不具意义，所有的意义在于自己的赋予和定义，我就是这样的人，喜欢折腾、分享与思考，当然也喜欢去实践。

"东看日出西赏霞，日复一日逝年华。光阴似箭皱纹伴，细品人生慢品茶。"这是身为母亲的我想要分享的诗句，里面藏着人生——生命并非止于生存，人类的生命只有在满足生存之后才开始。

朋友说："你真行，能拿出这么多时间来陪女儿，毕业旅行有这么重要吗？比公司还要重要？"是的，对于我这种类型的母亲而言，孩子的毕业旅行、毕业典礼都是重要的。

因为我从小就是个自我的女孩，年轻为母的我因为无法割舍对学习、工作、成长的自我要求，导致没办法像其他妈妈那样给予孩子足够的照顾与陪伴，但没有一位母亲不深爱自己的孩子。

我告诉女儿："世界上有各种不同类型的母亲，她们对孩子所表达的爱也不尽相同，而妈妈只是其中一种。我们这种类型的妈妈有着自己的梦想和抱负，需要时间去努力、去学习、去成长，我们也许不能天天陪伴照顾你们，但一定会对你们的过去、现在和未来负责，我们会带你们去看世界、长见识，在你们人生重要时刻都会陪伴在你们身边。"

女儿问："那毕业旅行重要吗？"

我说："当然重要呀，毕业旅业结束了，就意味着你从家庭、从学校走向了职场、走向了社会，从此以后你身上就多了份担当、多了份责任，不能再像孩子一样任性、随意和自由了。"

所以，这次我请了 35 天的假，抛开了所有工作，带着女儿开启了这段她人生中重要的毕业旅行，理由有三：一是我从小疏于对女儿的照顾和陪伴，一直对她存有亏欠，希望通过这次短暂的旅途进行弥补；二是因为女儿从未到过欧州，我很想带她走走看看妈妈学习、生活过的每个角落；三是让女儿感受不同国家的人们对待生命、生活与工作的态度，尤其是他们的职业精神和工作态度，希望能对即将步入职场的她有所启示，在日后的工作中能够创造出更多好的产品和服务价值，不愧祖国、学校、家庭 20 多年的教育和培养。

旅行即修行。在这说长不长、说短不短的 35 天里，我们也经历了被小偷盗走钱财、丢失物品等不愉快的事，也真实体会到了"忠言逆耳"的道理，但总体来说我们的旅行是顺利、幸运、美好的。

我们没有特别的规划，边走边看，随性自在。

我们遇上了巴黎的春天，见到了特别热情可爱的好姐妹们（西西和柯文）；

我们还碰上了米兰设计周，参加了清华大学在米兰投资的"中意创新基地"创新论坛；

我们在佛罗伦萨看到了最美的日落；

我们在罗马与杨万婷妹妹相聚；

这次出行我们不仅看到了最美的风景，更重要的是遇到了久别的亲朋好友们。

我们来到德国，与 5 年未见的干儿子重逢，并在他家住了半个多月。这次再见时，他已完全长成了一个近 1 米 8 的大小伙子，虽然多年未见，但我们一直彼此牵挂着对方，那份温暖的情谊依旧未变。我们坐在一起聊天、吃饭，一起坐火车或驾车去旅行，看着他和我女儿弹琴、画画的场面，心里感觉温暖且美好。

我们去了最美的古城雷根斯堡，沿着蓝色多瑙河畔感受着它的宁静与温柔；还去了奥地利的名信片小镇哈尔施塔特，被壮美的阿尔卑斯山、翡翠般的湖泊和千年的人文历史所深深折服。

怀揣公司 20 周年庆典时放飞的梦想和女儿对音乐的喜爱，我们还来到了维也纳，来到了金色大厅，经历了为期三天的莫扎特音尔之旅。对如我这般喜欢华尔兹的人来说，确是一番享受。不得不提的是，维也纳城市宣传语深深地触动了我的内心："文化是公路，艺术是森林小径——而我站在中间两手空空。"

虽有不幸，但总是万幸的，感谢这一路相伴相知相爱的亲人友人们。明天就要踏上前往澳大利亚的旅途，参加女儿的毕业典礼了……

女人既是自己，更是母亲、妻子、女儿，同时还是社会责任人。

祝福女儿前程顺利、生活幸福！

祝福天下的母亲快乐、美好！

"年轻、健康、刚刚好"

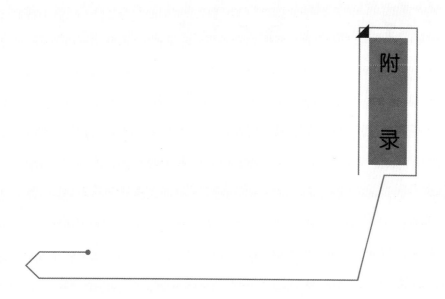

附录

承认善，有多难

——《人类的善意》读书心得

"不够完美又何妨，万物皆有裂痕，那是光进来的地方"

——莱昂纳德·科恩《颂歌》

鲁特格尔·布雷格曼是荷兰颇具影响力的新生代作家，时仅 35 岁的他被英国《卫报》誉为荷兰新思想神童，一早就有友人向我推荐他的作品，趁着春节假期的悠闲时光，我终于拜读完他的《人类的善意》一书，感触颇深。在此书中，他凭借清晰、独立的学术判断力，结合坚定信念，对人性给出了完全不同的描述——其实人类没有我们想象的那么坏！同时，在书中我也找到了他得以封"神"的原因，那就是承认了善，相信"绝大多数人在内心深处实际上都是十分正派的"。因此，我们的企业精神、特雷莎修女"怀大爱心做小事情"的箴言为何能影响全世界、成就新生活，在此我也找到了答案。

"人之初，性本善"是我们祖先留下来的朴素信念，被称为"自然状态"，而"85 后"的他用了近 30 万字的篇幅来阐释，可见"承认善，有多难"。就如我们坚信特雷莎修女"活着就是为了爱"、倡导"怀大爱心做小事情"的理念去办企业的"难"，刚开始很多人不认可、不理解，但我们始终相信人性本善，并将这份信念传递给身边的每一名员工、每一位客户，用了 20 年的时间在潜移默化中影响着身边的人。因为每个人内心都有着保持宽恕的果敢和尊重现实的勇气，最后你会发现最友好的人最具生存能力。

鲁特格尔·布雷格曼为了寻找人性在进化中的特性，特意提到了人在进化过程中形成的两个特征：一个是脸红，另一个是眼白，这两个生物特征显示人具有天生的同情心、羞耻心和关注同类的本能。他重点强调了新现实主义，这种新现实主义的思想归根到底就一句话，"实际上绝大多数人在内心深处都是相当正派的"。他开篇就提到了两个星球的概念，即 A 星球（善）和 B 星球（恶），我们实际生活在 A 星球上，这里的人们天生就倾向于善待彼此，愤世嫉俗者才是真正的局外人。孩子们也更相信 A 星球，当只剩下孩子的时候，这个世界将会被完全改变，"00 后""10 后"们已经在用自己的方式，通过对话、交流、游戏等方式诠释并再度激活了人类原本善良的天性。

面对瞬息万变的信息化时代和不可预知的疫情时代，《人类的善意》对于我们有着怎样的启示和意义呢？很多人不相信人性本善，是因为愤世嫉俗，特别是在当下信息泛滥、网络传播大环境的催化下，坏事总是比好事传得更快、更远，各种谣言四起、谎话连篇，如同蒲公英的种子一般，只要轻轻一吹就可以到处散播。慢慢地，人们的善就会被一点点地消磨殆尽，人类的团结就在不断的误会中崩塌瓦解。但是，相信善、团结才是我们的天性，我们需要接收到更多真实的声音和信息、接触到更多正能量的人群和团体，才更有利于缓解矛盾、消除仇恨，而不仅仅只是听到、看到一些未经证实的事件就断定人性的恶。

所以，面对现实吧！勇敢点，忠于你的本性，拿出你的信任，光明正大地去做好事吧，不要因为自己的慷慨大方而感到羞耻。或许一开始你可能会被他人认为是轻率的、天真的，但是请你记住，今天的幼稚可能意味着明天的常识。给予的越多，得到的就越多，信任和友谊是这样，和平也是这样。是时候成为一个新现实主义者了，是时候对人类形成一个全新的认识了。

这是一部反潮流的大历史著作，在容易沮丧的年代召唤希望，让我们与最聪明的人共同进化。特别感谢刘剑总推荐好书《人类的善意》，它也许会成为继特雷莎修女箴言《怀大爱心做小事情》外对我生命最重要的读物之一，因为它让我更加相信"活着就是为了爱"，更相信善的美好与力量。

创始人精神

2002 年 4 月 19 日，几个志同道合的年轻人循着梦想的轨迹，结缘相识创立新生活，历尽磨难敲打，秉持初心不离不弃 20 载，终使新生活发展壮大，成为八桂大地上响亮的品牌。而"信任、简单、吃苦、不计较"的创始人精神，亦成为无数新生活人的标签，循着奋斗者的脚步，逐梦奔跑。风雨砥砺 20 载，新生活创始人不负使命，在各自负责板块持续前行，各自创造精彩。

有这么一条非洲谚语广为人知："一个人可以走得更快,一群人可以走得更远。"在后勤服务这条赛道上,无数的同行如昙花一现,匆匆地出现,匆匆地消失,但新生活始终在稳步向前,一年一年地生长,超越一个又一个目标,从零到一,昂首走过20年。

"时间最伟大",20年的新生活,让我想起了不少动人的故事,这些故事深深地影响着我。我很感恩在新生活经历的人和事,这些种种始终是我成长的能量场和修行的道场,每时每刻都在磨炼我的心智,锻炼我的胸怀和格局。其中,让我始终坚持安心奋斗的原因便是陪伴我成长和奋斗的创始人们,我每一次都会自豪地告诉来公司参访的朋友们:"我敢相信做到20年的企业不少,但创始人一直在一起奋斗、彼此信任、不分离的企业不多。"

我经常说:"人生幸福两件事,找对生活伴侣,找对事业伙伴。"我是幸运的,新生活也是幸运的,我们找对了伙伴,所以成就了今天的我和新生活,在此感谢伙伴们一直的信任、理解和努力。人们都认为我是新生活事业奠基人、婉容新生活创建者、新生活文化布道者、创始人之一,除了我之外,新生活公司还有4位创始人,他们都有自己的特点和优势,所以才让我们合作愉快,彼此成就,不愿分开。

熊静明——新生活切入现代企业管理时代的主导者、创始人之一

餐饮事业领导者，他的性格特点是沉稳、脚踏实地、行稳致远。他经常说："朱董事长是在天上飘的人，我必须在地上走。"他任人唯能，大胆放权，革除陈弊，建立了采购独立、档口合作模式，建成中央厨房，完成了信息化建设，打造了一支不畏艰难、团结一心的业务团队，铸造出一面金光闪闪的餐饮行业金字招牌。

周绍琼——新生活文化旗手、创始人之一

他始终默默追随这份事业，任星移斗转、物是人非，一直初心不改、静待花开。他是新生活公司文化的旗手，20 年来一直笃行不怠，对传播和提升公司品牌力提供了有力的支持和帮助。在伙伴们眼里，他很平凡，很质朴，不做作，不惊艳，平凡得总是让人把他忘记。然而，新生活终将一直记得。

黄水莲——新生活知识积累和持续人才培养贡献者、创始人之一

从一名普通老师到一位企业高管的成功跨界，她一直不懈淬炼自己，用智慧拥抱变化、用学习迎战挑战，事必躬亲，率先垂范，勤恳开拓，热情奋斗。在公司发展的每个关键转折点，她总是义不容辞勇担责任，分别带领过业务部、商学院、运营办、人力资源部、品质督查部等多个部门，并贡献优秀成果。组建、带出新生活公司第一代物业管理团队；设计、统一了第一套业务规范流程及文本；亲自撰写了第一套体系管理手册；

积累、汇编了第一套知识管理库，内容涵盖操作、培训、质检、人事等。不仅为公司日后发展壮大、连锁管理奠定基础提供保障，同时为公司培养出多位优秀忠诚的精锐干将，夯实了新生活人才教育事业基石。

彭玉兰——新生活"开拓创新"引领者、创始人之一

秉持对世间万物的热爱之心，她善于发现新知、敢于尝试新法、擅长起用新人、勇于接受新挑战。她以创始人的责任担当，跨界管理过物业、餐饮、护工、客服、信息、市场等多部门；她深扎一线，持续学习，细分业务板块内容，探寻商业新变量；她不负所托，不断向前创造杰出业绩，是公司领导成长代表。在新项目的创新开拓方面，她一直保持着挑战的激情。她带领"刚刚好 你在"团队克服重重困难，历经 3 年多时间，最终获得柳钢客户的认可，也实现了创新模式的盈利，为公司创新品牌"刚刚好 你在"在后勤行业的稳步发展做出重大贡献。她带领护工团队积极推动品牌迭代升级，实现了爱护宁品牌的创新和服务设计的落地。

周绍琼——新生活创始合伙人

一次大型的活动，往往能够让公司看到，哪些人可堪大任，哪些人可以重用，哪些人能够培养，哪些人有待提升。

迈入第 22 年的新生活，已经拥有成熟的文化理念。"怀大爱心，做小事情"绝不仅仅是一句口号，而是能够影响公司绩效的力量。这也正是朱荣芬董事长的论文《服务型企业文化建构中情感要素的绩效价值研究》得出的重要结论。

是的，理念是有力量的，心是有力量的。

经营之神稻盛和夫有一个著名的观点：你内心不渴望的东西，不可能靠近你。他把自己88年传奇一生总结为一个"心"字，在他看来，一个人唯有内心有所求，才能被驱动着向前。中国圣贤王阳明一生研究心学，他坚定地认为："人人自有定盘针，万化根源总在心。"一个人最珍贵的东西不在外在，而在内心。只有内心强大的人，成功的机率才会比常人高！

新生活公司每一个人都是平凡的人，公司领导人也都是草根出身，没有碾压众生的政商背景，没有富可敌国的物质资源，没有高知高智的人才队伍，新生活唯一赖以长期生存并不断发展的诀窍只有一个：心的力量。

人心齐，泰山移。团结的心，可以断铁熔金。新生活数百名干部凝心聚力，高度一致地认同公司的"心"，带领数千名员工让"心"落地，新生活事业将无往不胜。发挥我们"心"的力量，才有新生活再次出发的征程。

新生活XIN出发，是向优秀出发，向卓越出发，向伟大出发，向梦想出发。

作为企业的创始人、创始团队：

我们互相信任，成就20年不变的合作，为公司稳定发展打下基础。

我们互相包容，以"和而不同"之道相处，收敛个性，求同存异，互相鼓励，互相守望，往同一个方向奔跑。

我们互补长短，深知每个人都有不足，只在各自的岗位上发挥所长，做到极致，正如那永不停歇的齿轮，互相契合，抱团成轮，滚滚向前。

我们是不言放弃的一群人，是行业的拓荒牛，曾经一无所有、困难重重，曾经决策失误导致巨大损失，也曾经无数次经历残酷的市场竞争。但我们始终相信，我们是在做正确的事情，只要坚持不懈，我们就能走向成功。

我们心怀大爱，从特蕾莎修女身上汲取丰富的精神养分，身体力行，栉风沐雨，将大爱播撒给每一位员工，服务于每一个客户，让世界更加温暖，让生活更加美好。

我们坚守长期主义，20 年前，我们行业的从业人员生活在没有尊严的状态下，我们的工作被社会嗤之以鼻，我们是世人避之不及的一群人，但是我们立志于改变这个行业的形象，塑造底层员工的尊严，改变社会的眼光。我们不求毕其功于一役，而是创业伊始就以做好了长期奋斗的准备。我们放弃个人的得失，我们忽视眼前的利益，我们忍受一时的委屈，我们胸怀美好的愿景，我们紧盯终极的目标！

只要秉承大爱，心怀梦想，我们每个人的存在和努力，就会变得很有意义和价值。

我们坚守初心，守望相助，去追求更大理想。

我们婉容于心，共同生长，去创造无限奇迹。

文化是企业的基石、是味道、是不可替代的

从创业初起，我们就一直执着于文化建设，相信特蕾莎修女的一句话："活着就是为了爱"，坚信企业是有感情的，服务是有温度的。无论我们从事任何行业，企业是任何规模，服务于任何群体。

正是因为我们认同文化建设，所以才有了"怀大爱心做小事情"的企业精神——每天踏踏实实地干好每件小事；基于面对企业生存的需要，坚持"三度新生活"（服务有温度、管理有态度、办事有速度）的做事标准以及"急客户之所急，想客户之所想"的服务标准。

21 年来，我们经常会被问："你们新生活是做什么的？""你们的文化是什么？""你们的使命是什么？"我们在反复思考和回应中找到了答案：新生活是爱与成长的组织。我们的文化则是"怀大爱心做小事情"。我们的使命便是"致力做城市文明的建设者，提升员工的幸福感"。

文化是什么？为什么一个企业的发展离不开文化？作家梁晓声说："文化是根植于内心的修养，是无须提醒的自觉，是以约束为自由的前提，是为别人着想的善良。"经历了肆虐如狂的疫情阶段，我们意识到新生活的文化是担当，是奉献，是相信，是为责任和爱勇敢逆行，成百上千的新生活人在疫情期间的作

为让我们更加坚定地相信新生活可以走很远。

在疫情前我们的愿景是"百年新生活",2023 年我们更有信心去憧憬"长青新生活"的到来。信心,来自文化的践行和疫情期间的检验,来自于创始团队的信仰,来自于 20 年的实践,让我们更坚信"文化引领"对于公司发展的价值所在。

最近和团队一直在学习阿里巴巴的体系、组织和文化建设,最大的体会是,优秀卓越的企业都有相似之处,那就是文化的伟大和实践,一家企业能走多远,关键取决于价值观能走多远,正如我们喜欢的两家企业一样:一个是阿里巴巴,这家企业的独特文化和卓越之处在于创始人马云老师是极度的理想主义者(侠客精神)和极度的现实主义(浙商)的融合,所以他们的使命是"让天下没有难做的生意";另一个是华为,因为创始人任正飞是军人,所以奋斗者、爱国者的基因潜移默化地根植于华为的企业文化中。

通过学习与对比这些伟大的企业,再看看我们的文化是什么?我们的价值观能走多远?其实,我们也可以算是极度的理想主义与现实主义的结合体。理想是相信爱,现实是相信能力。有爱有能力才能走得远、过得好。

今天的思考促使我再次充满激情地谈论设想新生活的文化和未来,也更有信心总结提炼新生活的发展和历程。面向未来,建立公司文化体系和头部战略是要紧事,打好企业长青的基石,才能创造出新生活独一无二的文化。

创业这么多年,也认识了无数优秀的企业和企业家们,相信其中任何一家存活 3~5 年以上的企业都会有一定的文化底蕴。文化的共性是生存文化、客户第一和创新文化（唯一不变的是变的生存环境和客户需求）。但各个企业的文化就像人一样，都有着不同的部分，这就是企业独有的味道，也就是创始人的味道，味道是由他的信仰和经历形成的价值观决定的，这是不可学习和复制的部分。所以才有一种说法，唯有文化是不可替代的，尤其是味道文化。生存文化大家都可以做，但在发展中能否走向优秀卓越文化是各家企业的核心人物和组织与时俱进、不断发展、创新迭代形成的，是组织长期的初心、认知和实践被共识后形成的。所以说，文化是企业的基石、是味道、是不可替代的。

文化到底是什么？我经常问自己。在我最初的认知里，做一家企业就是要帮用户解决问题，不让客户操心，让他安心、省心和舒心。同时要教会员工在公司如何做好服务，让员工知道做人做事的标准及准则。

后来，我们希望成为客户靠谱的服务者，为客户解决更烦琐的问题，要有持续的责任、爱心和不断的创新。同时公司及领导要关心和帮助员工，让他们有归属感、幸福感、成就感，所以我就给公司定义了三个属性："新生活是学校、是家庭、更是部队。"经历这么多年，我更加体会到"一个好的企业是一所好学校"，它应该帮助许多人成长，让他们获取更多能量，为客户、社会、家庭、国家贡献自己的价值。

文化对一家企业生存与发展如此的重要，那么要如何做呢？

　　首先是创始人要绝对认同，要有正能量的价值观，然后负责做好顶层设计，形成企业的基石、引领企业的头部建设；其次让企业的腰部去落实公司的战略和架构；最后企业的腿部业务部门、人力资源部门形成制度、开展活动去执行、去坚持。文化需要虚事实做，形成可量化的行为规范、形成制度、形成考核。

　　一家企业的文化只挂在墙上，没有落地体系和考核文化是不可能长久的，文化是激励人心的，在于行为，在于员工的用心，在于传承，尤其是公司领导必须以身作则，对新人进行"传帮带"。

阳光心态，婉容人生

一切就在刚刚好

后　记

"仰望星空，脚踏实地"这是我从小到大最喜欢挂在嘴边的一句话。待我走向成熟后才知道这也叫"低头干活，抬头走路"，正如荀子所说："路虽远，行则将至；事虽难，做则必成。"新生活走过20多年，我的人生也走过40多年。唯爱与成长不可辜负的我终于迎来了源于新生活品牌价值输出创作的第二本书《刚刚好 你在》的出版，我很欣喜，对于我来说那是我人生最珍贵的礼物。

这本书能如期出版，非常不易，首先感谢我的导师张世贤教授，是他给了我信心让我持续研究情感价值的文化落地；同时感谢梁鹤年教授在第一本书的序言《情感价值在服务型企业中的价值研究》中给我提出的建议和期待，希望我能出一本以情感小故事为主的文化落地的书籍，他同时也坚定地勉励我说情感就是核心价值，值得研究和实践。

感谢张世贤、张英俊、刘剑三位老师为本书撰写推荐序，使书的形象得以丰满，立意得以拔高。

感谢"刚刚好的逻辑：相遇、发现和传递"所有故事的主人公、赤松子、陈谋、杨云、卢波、朱荣建、菁菁、高策理、覃晓宁、张凌、陈功莉、周绍琼、谢文博、张妙苓、海军、王昆鹏、杨万婷、黄蔚、丁玉霞、陈九霖、刘湘怡、熊姜、宁远、贝壳、黄春燕、崔宝善、白宗科、洪静、姜辉，你们都是在我成长过程中给予我及企业温暖和力量的贵人、友人、家人们，你们记住了与我相处的点点滴滴，相信我们作为交心之人，一定能够将感情延续。

感谢新生活公司所有的伙伴们，是大家在这21年来孜孜不倦地坚持"怀大爱心做小事情"的实践和努力，让我有机会发现新的价值，让我们有能力去帮助更多的人，同时让我们新生活在成长路上用爱与感恩去修行，成就更好的自己。谢谢你们无私的奉献，为我，同时也为新生活。

感谢和我一起编稿的团队们，尤其要感谢策划和指导老师刘剑和编辑顾问梁云志，你们的专业、细心和用心让《刚刚好你在》能顺利推进，还有我们的主编蒋艳斌、副主编路迎春一直的配合和支持，使这本书能够高效完成。同时还要感谢女儿熊宇星设计封面及插图，为本书增添了不少色彩。

最后，感谢所有陪伴我走过风雨的你们，因为有你，所以感恩，因为感恩，所以成熟。

新生活是个娇嫩的词，像春天发芽的小草，像豆蔻之年的姑娘，在万众期待的目光里，走着走着就落落大方，长成旖旎动人的模样。她呀是个直性，有副热心肠，用不浮不躁的风，不远不近的光，就能为人们带来温暖送去希望，交集不多却终身难忘。正是恰到好处的分寸，才让人生有了只如初见的模样。

新生活是个奋斗的词，2 个人，5000 元钱，21 年做一件小事的坚持，她是未来生活的缔造者，她把最普通最辛苦的事藏在大爱的怀抱中。

新生活是个简单的词，读书、运动是她日常的模样，把平凡的日子过成殿堂，无论在哪里都活成天使的模样，每一秒钟都变成最善最美的时光，等到下个二十年，让我们相约维也纳金色殿堂。